Che Guevara – Die andere Seite

Die Originalausgabe erschien 2007 unter dem Titel
„La Face cachée du Che“ bei Buchet Chastel, Paris

www.wolbern.de
1. Auflage
Aus dem Französ. von Hainer Kober
Coverlayout: Anna Nitz

Satz: Heidi Gruber
Printed in Germany
ISBN 978-3-9811128-2-5

Che Guevara – Die andere Seite

Aus dem Französischen von Hainer Kober

wolbern

Für Moisés Machover,
der an diese Geschichte geglaubt hat,
bevor sie ihn zermalmt hat.

Vorwort des Herausgebers

Ein strahlender Gaucho auf einem weißen Pferd, Sombrero, mit der rechten Hand das Gewehr in die Luft, das Lasso über den Sattel gehängt, weiße Wolken; ein anderer Mann vorn im Bild drückt sein Gewehr andachtsvoll gegen die Stirn - das Cover des 1960 veröffentlichten Buches „Der Partisanenkrieg“ von Che Guevara.

Die Abbildung auf diesem Buch so stimmungsvoll wie andere Bilder, die später um die Welt wandern werden und Che Guevara zeigen: einen Revolutionär, einen attraktiven Mann, häufig mit Zigarre, den Architekten des sozialistischen Kubas, mit nacktem Oberkörper beim freiwilligen Arbeitseinsatz auf den Docks von Havanna.

Auf einem der Fotos der französische Philosoph Jean-Paul Sartre, die französische Schriftstellerin Simone de Beauvoir, auf einer Couch, beinahe demütig; ihnen gegenüber Che Guevara, erhöht in einem Sessel - schwarzer Bart, Uniform, Barett. Der „vollkommenste Mensch unserer Zeit“ behauptete Sartre. Zahllose Biografien beschäftigen sich mit diesem „vollkommensten“ Menschen, unkritische, kritische; „Che“ bleibt oft der Held, überhöht, jenseits von Gut und Böse - ein Symbol des „neuen Menschen“, selber von ihm erträumt.

Che Guevara ist unsterblich geworden, ein Idol angebetet von einer großen Gemeinde auf der ganzen Welt; eine einfallsreiche Industrie hat ihn seit langem entdeckt.

In Westeuropa sehen viele in ihm ein Symbol für Nonkonformismus und Antibürgerlichkeit, obwohl die meisten das Gegenteil leben, im Herzen dafür Erinnerungen an verklärte kämpferische Jahre tragen. Wenn man auch selber nicht im

bolivianischen Dschungel gekämpft hat, irgendwie gehörte man dazu, hat sich heiser geschrien, „Che"-Plakate getragen.
Jacobo Machover schreibt in dem vorliegenden Buch gegen die Verklärung, gegen die Dichtung, gegen die Legende. Dies geschieht nicht im Sinne einer weiteren biografischen Abhandlung, sondern im mosaikartigen Zusammenfügen eines Bildes, das die andere, die dunkle Seite dieses Menschen zeigt.
Dafür überlässt der Autor Che Guevara häufig selber das Wort, aber auch Freunde und Feinde reden. Hinter der zum Helden gekürten Person tritt ein Mensch hervor, der von starker Todessehnsucht getrieben wird, einer der den großen Diktator Josef Stalin bewundert, kaltblütig Massenerschießungen organisiert, die berüchtigten kubanischen Arbeitslager ins Leben ruft und nicht gezögert hätte, die Bevölkerung der Zuckerrohrinsel in einem Atomkrieg zu opfern.
Man erblickt einen Mann, dem die leichtlebige Art der Kubaner wenig sympathisch ist und der, obwohl kubanischer Staatsbürger, immer Ausländer bleibt, Argentinier, unverbunden mit der karibischen Mentalität, dennoch zutiefst abhängig von dem ersten Kubaner der Insel, dem „Maximo Lider", Fidel Castro.
Begriffe wie Freiheit, Gewaltlosigkeit oder Toleranz erweisen sich als angedichtet, der reale Che Guevara stolpert für Diktatur und Kollektivismus in den Tod; Individualismus ist ihm verhasst, Fanatismus ein Wesenszug.
Er opfert Menschen in Kriegen für eine sinnlose Sache, dabei unduldsam auch gegen die eigenen Mitstreiter, häufig getrieben von ideologischen Wahnvorstellungen, manchmal auch befallen von Verzweiflung und Anflügen von Selbstkritik.
Che Guevara, zu Beginn Abenteurer und Rebell in Latein-

amerika, durch Teilnahme an der kubanischen Revolution zur Macht gekommen, wandelt sich zum Stalinisten, Kommunisten, Maoisten und in gewissem Sinne auch zum Terroristen.
Einer seiner praktischen Ratschläge ist heute in verschiedenen Teilen der Welt bittere Realität geworden:
„Man muss den Krieg bis dorthin tragen, wohin der Feind ihn trägt: in sein Haus, in seine Vergnügungsstätten; man muss ihn zum totalen Krieg machen."
Dennoch bleibt die Hoffnung, dass sich im Hinblick auf Che Guevaras Erbe die Worte des 1830 gestorbenen südamerikanischen Freiheitshelden Simón Bolívar als richtig erweisen, dessen tragisches Geständnis lautete:
„Wir haben das Meer gepflügt."

Wolfgang Bernschein

Einleitung

Ich habe lange zu den Bewunderern von Che Guevara gehört. In meinen Augen war er ein Mann, der sich für seinen Glauben an eine bessere Welt geopfert und der nach unüberwindlichen Meinungsverschiedenheiten mit Fidel Castro zu seinem letzten Kampf aufgebrochen ist. Irgendwie war er der unabhängige Revolutionär schlechthin, der sich nie von einem Land oder einer Schutzmacht, egal welcher Art – Moskau oder Peking –, vereinnahmen ließ. Ich hielt seine Absichten und Zielsetzungen für anarchistisch.

Erst als ich alle seine Schriften und Reden gelesen hatte (jedenfalls diejenigen, die offiziell in Kuba veröffentlicht worden waren, andere schlummern noch in versiegelten Schränken des Zentralkomitees der Kommunistischen Partei), wurde mir klar, dass sie nicht im Entferntesten der Vorstellung entsprachen, die ich mir von ihnen gemacht hatte. An Dogmatismus nicht zu überbieten, ließen sie nicht erkennen, was stärker war: die politische Orthodoxie oder der entfesselte Todestrieb, der sich unterschiedslos gegen ihn selbst und andere richtete. Nach einer ersten Lektüre gab ich den Bedingungen des Kampfes gegen die Truppen von Batista und gegen die Bedrohung durch den „amerikanischen Imperialismus" die Schuld für diese Entgleisungen – diese Exekutionen von „Verrätern" in der Sierra Maestra und von „Handlangern" nach dem Sieg der Revolution –, ohne mich jedoch ganz von einem wiederkehrendenden Gefühl des Abscheus freimachen zu können. Trotzdem las ich weiter, an dem Gedanken festhaltend, dass diese Gräuel nur ein Vorspiel seien, notwendig, um jenen „revolutionären Humanismus" zu verwirklichen, der Che von gewissen Theoretikern posthum zugeschrieben wurde. Der Tod, der von einem besseren Leben kündet. Doch das Unbehagen wollte nicht weichen.

Bei der Analyse seiner theoretischen Texte stellte ich dann fest, dass in seinen Schriften unterschwellig eine Persönlichkeit zu Wort kam, die, einen als unmittelbar bevorstehend empfundenen Tod vor Augen, das nicht zu Rechtfertigende zu rechtfertigen versuchte.

Ideologisch betrachtet, kam er mir wie eine moderne Version Trotzkis vor, des Trotzkis, der die Rebellion von Kronstadt niederschlug, der an der Spitze der Roten Armee den Sieg gegen die Weißen errang und dessen Militärkommuniqués mit Hinrichtungsbefehlen gespickt waren, die er später nie wieder erwähnt hat. Ches Beziehungen zu Fidel Castro erschienen mir zu Unrecht als Neuauflage des Verhältnisses zwischen Trotzki und Stalin, als wäre hier ein Mann der Macht zur Gegenseite übergewechselt, als hätte er späteres Dissidententum vorweggenommen, was nie der Fall war.

Castro war es gelungen, aus seinem wichtigsten Instrument auf dem Gebiet der Außenpolitik (oder des außenpolitischen Abenteurertums) einen gehorsamen Befehlsempfänger und ein kritisches Gewissen zu machen. Nachträglich ist Che das Image des Rebellen verliehen worden, der sich gegen alle Macht auflehnte, selbst gegen die, der er sein Mandat verdankte, obwohl er nur ein bewaffneter Arm der kubanischen Revolution war. Es ist ein künstliches Bild, für die Ewigkeit in einem Foto fixiert, dem sich alle Bedeutungen zuschreiben lassen, vor allem von Bewunderern, die seine Texte nicht gelesen haben. Aber der Betrachter soll hier ja auch innehalten und nicht versuchen, die Geschichte und die Gedanken hinter den Gesichtszügen zu entdecken. Dieses Bild ist in erster Linie bestrebt, Ches Worte zu verschleiern.

Es hat die Welt erobert und ist weit über die revolutionären Zirkel hinausgelangt und über die Träume einer Jugend, die sich nach gerechten, einfachen und scheinbar unstreitigen Anliegen verzehrte.

Man begegnet ihm an den ungewöhnlichsten Orten. Es ziert die edelsten Marken, Prada etwa, aber auch die Fantrikots von Olympique Marseille und die Shirts von Thierry Henry und Diego Maradonna, einem Landsmann von Guevara und glühendem Anhänger von Fidel Castro und Hugo Chávez. Ches Gesicht ist ökumenisch geworden, es hat jede Bedeutung verloren. Es verkündet eine Mischung aus Modernität, Glauben an eine angenehmere Zukunft und wehmütiger Sehnsucht nach einer Zeit, die nicht mehr ist. Trotzdem sind die Ideen des argentinischen Revolutionärs noch immer aktuell, vor allem seine Handlungstheorien, unter deren Einfluss viele stehen, die sich neue, viel spektakulärere und von aller marxistischen Orthodoxie befreite Formen des Kampfes zueigen gemacht haben. Für diejenigen, die den antiimperialistischen Kampf durch die gar nicht so andere Idee der Antiglobalisierung ersetzt haben, ist er eines der wenigen makellosen Sinnbilder geblieben, als die anderen mit der Berliner Mauer zu Staub zerfielen.

Aber für die Menschen, die ihn auf der Höhe seiner Macht kannten (einige gehörten sogar zu seinen alten Kampfgefährten in Kuba, im Kongo und in Bolivien), ist Che Guevara nicht nur ein harmloses Symbol oder ein ermordeter Idealist, sondern vor allem der Mann, der gleich zu Beginn der Revolution Hunderte von Gegnern erschießen ließ, ohne je einen Anflug von Zweifel oder Zögern zu zeigen. Ganz im Gegenteil, stets hat er die Notwendigkeit dieser Hinrichtungen betont, hat sich in seinen Schriften und Reden vor internationalen Organisationen stolz mit ihnen gebrüstet, als müsse das Schwert in Blut getaucht werden, um für neue Schlachten gerüstet zu sein.

Viele haben versucht, seine Taten zu rechtfertigen, indem sie ihn mit anderen Symbolfiguren verglichen, religiösen wie Christus oder modernen wie den Popikonen Jim Morrison und Jimi Hendrix. Doch die opferten nur sich selbst, das heißt, sie haben nie getötet. Che Guevara war sicherlich zum Märtyrer bestimmt, aber nicht zum wehr- und waffenlosen. Mag sein Tod auch unter beklagenswerten Umständen in der Gewalt der bolivianischen Armee zuletzt zum Opfergang geworden sein – den Menschen, die er hat füsilieren lassen, wurde kein solcher Nachruhm zuteil.

Che hat seinen Tod gesucht und dabei zahlreiche Idealisten mitgenommen, die ihn für die Wiedergeburt eines lateinamerikanischen Libertadors hielten, und er hat den Fehler vermieden, alt zu werden und seine von der Zeit oder den Wechselfällen der Geschichte blass gewordenen Ideen zu überleben. Das blieb ihm dank seiner ewigen Jugend erspart, eingehüllt in eine komplett erfundene Legende, der es gelang, die Widersprüche dieses Guerrilleros und seiner ganz auf Waffengewalt bauenden Theorien zu verschleiern. Wenn sie ihm auch vielleicht nicht dazu dienen sollten, die Macht für sich zu gewinnen. Obwohl ...

Mit dem vorliegenden Buch möchte ich den Revolutionär in allen seinen utopischen Dimensionen, aber auch in seiner alltäglichen Gefühlskälte und Grausamkeit zeigen. Jenseits seines Images will ich versuchen, das enorme Missverständnis aufzuklären, das uns den Blick auf seine Person verstellt und aus einem fanatischen Stalinisten einen romantischen Anarchisten macht.

An einer Legende zu kratzen, ist keine leichte Aufgabe. Ich habe lange gezögert, bevor ich mich dazu durchgerungen habe. Che Guevara hat einfach zu viele Verteidiger, wobei ihnen der Mensch Guevara eigentlich ziemlich egal ist, geht es ihnen doch vor allem um dessen Instrumentalisierung.

Ich für meinen Teil habe mich auf die verborgenen Aspekte seines Lebens eingelassen, habe versucht, in seine Gedankenwelt einzudringen, anhand seiner Texte und der Zeugnisse von Kampfgefährten seine Widersprüche zu erhellen, ihn von seinem Podest zu stoßen und den Gott, der keiner war, sondern nur ein Instrument des Máximo Lider, aus seinem Mausoleum ans Licht zu holen. Che hat sein Leben dem Castrismus geopfert, wie so viele andere „Helden", die auf fernen und vollkommen sinnlosen Schlachtfeldern gefallen sind.

Das vorliegende Buch ist keine Biografie von Che Guevara.

Der größte Teil seiner Exegeten, zumeist Hagiografen, waren bestrebt, die grausamsten Episoden, die schlimmsten Taten zu relativieren, indem sie ihnen in ihren monumentalen Darstellungen nur ein paar bescheidene Absätze widmeten, die sich zwischen den Hunderten von Briefen, Schriften und Reden verloren und dazu bestimmt waren, in Vergessenheit zu geraten.[1]

So habe ich mich lieber auf einige Aspekte seines Lebens und seines Denkens konzentriert, um dessen ideologische Logik herauszuarbeiten und die wichtigsten Elemente eines Lebens darzustellen, das durch einen gewaltsamen Tod zum Schicksal wurde, statt seine charakteristischen Persönlichkeitsmerkmale durch die Beschreibung eines häufig chaotischen Lebensweges zu verwässern. Bestimmte Elemente seiner Jugend kehren im Augenblick seines Todes wie unerwartete Flashbacks zurück. Den Versuch anderer Biografen, die außerordentliche Grausamkeit seiner Persönlichkeit und seinen doktrinären Starrsinn durch seine Kindheit und seine wiederkehrenden Asthmaanfälle zu erklären, halte ich für sinnlos. Deshalb ist das vorliegende Buch auch nicht chronologisch aufgebaut.

Ich habe mich an die Aussagen seiner engsten Gefährten und der Männer gehalten, die im Augenblick seines Todes zugegen waren. Seine eigene Rolle war eher ambivalent, abwechselnd Rebell, Henker und Opfer. Das Buch bezieht keine eindeutige Stellung. Erst mit der Zeit und vor allem der Öffnung der kubanischen Archive werden sich bestimmte Fragen klären lassen – etwa, was für seinen Bruch mit Fidel Castro verant-

[1] Die wichtigsten hier verwendeten Biografien sind: Jon Lee Anderson, Che – die Biographie, München, List, 1997; Jorge G. Castañeda, Che Guevara, Biographie, Frankfurt, Insel, 1997; Jean Cormier, Che Guevara, Monaco, Rocher, 1995; Pierre Kalfon, Che, Ernesto Guevara, une légende du siècle, Paris Seuil, 1997; Taibo, Paco Ignacio, Che – die Biographie des Ernesto Guevara, Hamburg, Nautilus, 1997; Enrique Ros, Ernesto Che Guevara – mito y realidad, Miami, Universal, 2002. Von den eher kritischen Werken sind eine ganze Reihe bis heute nicht ins Französische übersetzt worden. Zahlreiche Bücher über Che sind eigentlich nur Fotobände, mit kurzen Texten versehen, die ohne den geringsten kritischen Ansatz die Legenden um den "heldenhaften Guerillero" aufgreifen.

wortlich war.
Diese Arbeit stützt sich vor allem auf Guevaras eigene Worte. Vierzig Jahre nach seinem Tod und aus dem Zusammenhang gelöst, in dem sie gesprochen oder geschrieben wurden, haben sie eine andere Dimension gewonnen. Weit weniger lyrisch als in der Vergangenheit, lassen sie deutlicher erkennen, wie der Weg des argentinischen Guerilleros in den Abgrund führte.
Der Mythos hat aus Che vor allem einen revolutionären Märtyrer gemacht. Doch der Mythos beschwört das Gegenteil dessen, was Che wirklich war. Der Mythos ist zeitlos geworden und hat sich weitgehend von den Persönlichkeitsmerkmalen eines Mannes gelöst, der nicht einen Augenblick zögerte, Menschen zu opfern, denen er sich gegenüber sah oder die sogar an seiner Seite gekämpft hatten. Guevara wollte aus einem Leben und seinem Tod ein Ideal für die Jugend und die kommenden Generationen machen. Der „neue Mensch“ sollte Che Guevara sein, er allein. Teilweise ist ihm das gelungen, nicht zuletzt dank denen, die entschlossen waren, aus seinem Weg ein Vorbild für andere zu machen, statt seine selbstmörderischen Kämpfe, seine ideologischen Widersprüche oder seinen mörderischen Machtmissbrauch zu analysieren.
Alle Etappen seines Lebens sollten exemplarisch sein. Daher das Bestreben – zunächst bei ihm, später bei seinen Exegeten -, die Spuren zu verwischen, seine abenteuerlichen Irrfahrten und politischen Irrwege in ein revolutionäres Schicksal umzudichten, den Kult des makellosen Helden zu stiften, des Kampf- und Machtgefährten eines Mannes, der Ches Gesicht benutzt hat, um den Fortbestand eines Regimes zu rechtfertigen, das die Rebellen von heute wahrlich nicht mehr zum Träumen bringt – des Mannes, der Fidel Castro heißt.

Erster Teil
Lehrjahre der Gewalt

1

Initiation eines „revolutionären Arztes“

Von medizinischen Werken abgesehen,
lese ich Bücher aller Art.

Am Ende des Films Die Reise des jungen Che, einem von Robert Redford produzierten und dem Brasilianer Walter Salles 2004 gedrehten Hollywoodepos, das nach dem Tagebuch der ersten Lateinamerikareise von Guevara entstand, wirft sich der junge Ernesto (dargestellt von Gael García Bernal) in einem verlassenen Dorf des peruanischen Amazonasgebietes ins Wasser. Er schwimmt durch einen Fluss, der ein Krankenhaus von einer Leprakolonie trennt. Eine endlose, hochsymbolische Einstellung: Der ehemalige Medizinstudent ergreift unter Gefahr seines Lebens und übermenschlichen Anstrengungen für die Ärmsten dieser Erde Partei. Diese Geste lässt sich auch verstehen als ein Sieg über sich selbst, über sein Asthma, als ein Sieg, der die Entbehrungen in der Sierra Maestra und der Abenteuer im Kongo und in Bolivien vorwegnimmt. Die Idee ist stärker als seine körperlichen Beschwerden.

Das scheint der Höhepunkt eines Initiationsweges zu sein, einer politischen und gesellschaftlichen Bewusstwerdung, die in dem Augenblick beginnt, da Ernesto sich 1951/52 erstmals anschickt, den lateinamerikanischen Subkontinent zu erkunden. Hinten auf dem Beifahrersitz seiner Norton 500, einem Motorrad, das er La Poderosa nennt, sitzt sein Freund, der Arzt Alberto Granado. Che wird den Gefährten seiner Reisen und die Abenteuer nicht vergessen. Sobald er an der Macht ist, wird er Alberto Granado zu sich nach Kuba rufen, wo dieser durch den Einfluss des argentinischen Guerilleros zum Professor an der medizinischen Fakultät von Santiago de Cuba und Havanna ernannt wird. Er wird bis zum Ende seines Lebens auf Kuba bleiben und jedem, der es hören will, von den Abenteuern erzählen, die zwei vom Fernweh getriebene junge Leute auf ihrer ersten Reise erlebten.

Kreuz und quer durch Lateinamerika

Doch was für eine Reise war das? Ganz einfach: ein Abenteuer zweier argentinischer Vagabunden ohne Arbeit, die sich auf eine lange Rundfahrt durch Lateinamerika begaben und letztlich in die Vereinigten Staaten wollten.
So schrieb Guevara in der Einleitung zu seinen Reisenotizen, die lange nach seinem Tod erschienen und zur Initiationsgeschichte des künftigen Guerilleros wurden:
„In Träumereien versunken, durchquerten wir ferne Länder, kreuzten auf tropischen Meeren und bereisten ganz Asien. Und plötzlich tauchte, als wäre sie Teil unserer Träume, wie nebenbei die Frage auf:
‚Und wenn wir nach Nordamerika fahren?'
‚Nach Nordamerika? Wie denn?'
- ‚Mit der Poderosa, Mann.'"[1]

Als Hauptgrund der Reise gibt Ernesto Guevara die Arbeitslosigkeit seines Freundes Granado an, der nacheinander seine Stellungen in einem Lepraheim und am spanischen Krankenhaus in Córdoba verloren hatte. Er bekennt aber auch, dass ihn sein Studium nicht interessierte:
„Ich hatte die Nase voll von Medizinischen Fakultäten, Krankenhäusern und Prüfungen."[2]
Beide hätten sie ihr Glück ebenso gut in Europa versuchen

[1] Ernesto Che Guevara, Latinoamericana, Tagebuch einer Motorradreise 1951/52, Köln, Kiepenheuer & Witsch, 1994, S. 20-21

[2] Ibid., S. 20.

können. Das taten in der zweiten Hälfte des 20. Jahrhunderts viele ihrer Landsleute aus der Mittelschicht, die glaubten (und immer noch glauben), in Spanien oder Italien ihre Wurzeln entdecken zu können. Nie haben sich die Argentinier, die größtenteils europäische Einwanderer sind, als Lateinamerikaner gefühlt. Das spanisch sprechende Amerika sollte für die beiden jungen Leute – Rucksacktouristen, bevor es das Wort gab – nur eine flüchtige Durchgangsstation sein. Sie wollten versuchen, Arbeit in den Vereinigten Staaten zu finden und sich dort endgültig niederzulassen. Es klappte nicht. Am Ende der Rundreise wurde Ernesto von der Polizei in Miami festgenommen, verhört und dann mit einem Frachtflugzeug nach Buenos Aires abgeschoben.

Auf jeden Fall waren die Gefährten keine Beatniks wie Jack Kerouac, William Burroughs oder Allen Ginsberg, auch keine Hippies auf Harley Davidsons à la Easy Rider – dem Kultfilm mit Peter Fonda und Dennis Hopper. Sie waren weder auf der Suche nach künstlichen Paradiesen noch nach authentischeren Lebensformen. Nichts hätte Guevara wesensfremder sein können als die Poeten der Beat-Generation oder die Blumenkinder.

Salles' Film verdankt seinen großen Erfolg sicherlich dem Umstand, dass er als zeitloser Roadmovie aufgefasst wurde. Der junge Guevara scheint dort auf der Suche nach sich selbst zu sein, aber auch nach einem politischen Bewusstsein, das er nicht hatte. Wurde er dabei zum militanten Internationalisten, zum Nachfahren der Libertadores, der Helden in den Unabhängigkeitskriegen des Subkontinents im 19. Jahrhundert, wie es sein Vater Ernesto Guevara Lynch später behauptete?

Auch das scheint ein Teil der Legende zu sein. Es ist höchst unwahrscheinlich, dass der junge Mann, der noch keine politische Stellungnahme hatte erkennen lassen, auf einem Bahnsteig, im Begriff eine weitere seiner Reisen anzutreten, ausgerufen hat: „Aqui va un soldato de América." („Ich bin ein Soldat Lateinamerikas.").[1]

[1] Vgl. Ernesto Guevara Lynch, Aqui va un soldado de América, Buenos Aires, Sudamericana Planeta, 1987. Neuausgabe: Mi hijo el „Che", Havanna, Arte y Literatura, 1988.

Im Laufe seiner zweiten Reise quer durch den lateinamerikanischen Subkontinent, die er dieses Mal mit dem Zug und mit einem anderen Landsmann, Ricardo Rojo[1] , unternahm, kam er durch zahlreiche Länder, unter anderem auch Bolivien. Damals, 1953, erlebte das Land eine gewaltige Umwälzung durch eine radikale Bodenreform der Nationalistischen Revolutionsbewegung (Movimiento Nacionalista Revolucionario - MNR) von Victor Paz Estenssoro, die die Strukturen und Einstellungen der Bauernschaft tief greifend veränderte. Diese politischen Gärungen interessierten Guevara damals wenig. Auch später verstand er die Tragweite der Bodenreform nicht. Ein fatales Unverständnis, wie sich herausstellen sollte, als er dort 1966/67 versuchte, mit seiner Guerilla Fuß zu fassen. Die Bauern verweigerten ihm jegliche Unterstützung.

Das einzige nennenswerte politische Erlebnis hatte er 1953/54 während seines Aufenthalts in Guatemala. Die Regierung von Oberst Jacobo Arbenz, der zwar nicht durch Wahlen an die Regierung gekommen war, aber eine Bodenreform durchgeführt hatte, die weder den Großgrundbesitzern noch der United Fruit Company, dem amerikanischen Bananen-Imperium, zugesagt hatte, wurde durch einen Staatsstreich gestürzt, bei dem Carlos Castillo Armas, ein anderer hoher Offizier, von der CIA unterstützt wurde. Jeglicher Widerstand wurde von den neuen Herren blutig unterdrückt.

Trotzdem war der Putsch für Guevara ein hübsches Erlebnis. In einem Brief an seine Tante Beatriz, den er mit „Dein Abenteuerneffe“ unterzeichnete, schrieb er:

„Hier war alles höchst amüsant: Schüsse, Bombardierungen, Reden und anderes haben die alltägliche Monotonie unterbrochen.“[2]

[1] Vgl. Ricardo Rojo, Leben und Tod eines Freundes, Frankfurt, Fischer, 1968. Diese Erinnerungen, die mit dem Charakter und der Ideologie von Ernesto Guevara äußerst kritisch umgehen, sind von den kubanischen Behörden als „posthumer Verrat“ bezeichnet worden.

[2] Ernesto Guevara, Das magische Gefühl, unverwundbar zu sein, Das Tagebuch der Lateinamerika-Reise 1953-1956, Köln, Kiepenheuer & Witsch, 2003, S. 142.

In einem Land, das an Staatsstreiche jeder Art gewöhnt war, griffen nur wenige zu den Waffen, um den gestürzten Präsidenten zu verteidigen.

Genau das behauptete Guevara aber von sich, der während des Guerillakampfes in der Sierra Maestra sagte:

„Ich habe versucht, eine Gruppe von jungen Leuten zu organisieren, um den Abenteurern von United Fruit die Stirn zu bieten. In Guatemala hätten alle kämpfen müssen und fast keiner hat es getan. Wir hätten Widerstand leisten müssen, aber so gut wie keiner wollte es.“[1]

Laut dem Mexikaner Jorge G. Castañeda, einem seiner Biografen, hat dieses Plädoyer pro domo wenig mit der Wirklichkeit zu tun:

„Die Geschichten über seine verzweifelten Bemühungen, eine Miliz in der guatemaltekischen Hauptstadt zu organisieren, sind schlicht und ergreifend falsch.“[2]

Die Regierung Arbenz hatte die heroischen Illusionen des jungen Guevara sicherlich enttäuscht, so hatte er in einem Brief an die Mutter geschrieben:

„Oberst Arbenz ist ohne Zweifel ein mutiger Mann, und er wäre bereit, wenn nötig auf seinem Posten zu sterben.“[3]

Doch statt den Erwartungen seines jungen Anhängers zu genügen, verzichtete der gestürzte Präsident lieber auf die Macht und brachte sich in Sicherheit, indem er in der mexikanischen Botschaft um Asyl bat.

Augenblicklich änderte sich die Meinung seines Bewunderers. In einem weiteren Brief sagte er:

„Die schlichte Wahrheit ist, dass Arbenz es nicht verstanden hat, auf der Höhe der Situation zu sein.“[4]

[1] Gespräch in der Sierra Maestra mit seinem Landsmann Jorge Ricardo Masetti, der später im argentinischen Guerillakrieg ums Leben kam. Erneut abgedruckt in Gramma, Havanna, 16. Oktober 1967. Halten wir fest, dass sich sein Vokabular gewandelt hat. Nicht mehr er selbst ist der „Abenteurer“, sondern seine Gegner in Diensten der Bananengesellschaft.

[2] Jorge G. Castañeda, Che Guevara, Biographie, op. cit.

[3] Ernesto Guevara, Das magische Gefühl, unverwundbar zu sein, Das Tagebuch der Lateinamerika-Reise 1953-1956, op. cit., S. 137.

[4] Ibid., S. 139.

Aber auch Guevara hatte nicht vor, seine Haut unnütz zu riskieren. Er suchte Asyl in der argentinischen Botschaft, der Gesandtschaft seines Heimatlandes, in das er allerdings nicht zurückkehrte, weil er dort nicht auf eine feste Anstellung hoffen konnte. Nach eigenem Bekunden wurde er übrigens nicht als echter „Exilant“ anerkannt.

Der junge Guevara war durch das peronistische Experiment sehr verunsichert, das er damals allerdings befürwortete, wie ein Brief an seine Eltern aus dem Jahr 1955 zeigt: „Der Sturz von Peron hat mich tief betrübt“, schrieb er und fügte sogleich hinzu: „Der Feind ist im Norden.“[1] Er kam selten auf diese Frage zurück, doch bei einem Interview, das er kubanischen Journalisten der Zeitschrift Bohemia 1958 in der Sierra Maestra gab, bezeichnete er sich als „Antiperonisten“.

Die Ideologie von General Perón, eine Mischung aus radikalem Populismus, Imperialismus und Mobilisierung der Massen durch die Person des Generals und die seiner verstorbenen Frau Evita, hat die politischen Anschauungen des jungen Guevara sicherlich geprägt. Doch er ließ in diesem Punkt keine klare Linie erkennen: Mal bezeichnete er sich als Anhänger des Generals, mal als sein Gegner.[2] Er hatte ein ausgesprochen ambivalentes Verhältnis zur Geschichte seines Landes, mit dem er nie brach, obwohl er sich in seinem Wunsch, ein Libertador des ganzen lateinamerikanischen Subkontinents zu werden - wie sein Landsmann José de San Martín im 19. Jahrhundert – nie dazu bekannte.

Auf die Erlebnisse in Guatemala, das damals zu einem beliebten Ziel des Revolutionstourismus wurde, führen Ches Biografen seine Bewusstwerdung zurück – die Überzeugung von der Notwendigkeit des bewaffneten Kampfes.

[1] Ibid.

[2] Der Schriftsteller Roberto Fernández Retamar, einer der offiziellen kubanischen Kommentatoren seines Werkes, meint in diesem Zusammenhang: „Die besondere Situation des Landes, in dem er geboren wurde, erschien ihm verworren und veranlasste ihn, andere Länder aufzusuchen (es waren die Jahre des Peronismus).“ („Prólogo“, in: Obra revolucionaria, Mexico, Era, 1967, S. 10).

Dort lernte er auch seine erste Frau Hilda Gadea kennen, die etwas älter war als er. Hilda war eine zum Kommunismus bekehrte peruanische Nationalistin, die prägend für seine politischen Auffassungen wurde und ihn mit anderen Revolutionären des Subkontinents zusammenbrachte. Beim Sturz der Regierung Arbenz hatte sie sich in die peruanische Gesandtschaft geflüchtet. Guevara traf sie später in Mexiko wieder. Mit ihr hatte er eine Tochter, Hildita, bevor er die Beziehung 1959 in Kuba beendete. In Mexico traf er auch Ñico López, der zu den Männern und Frauen gehört hatte, die am 26. Juli 1953 zusammen mit Fidel Castro die Moncada-Kaserne in Santiago de Cuba angegriffen hatten. Durch ihn lernte er in Mexico den Führer der kubanischen Revolution kennen. Außerdem freundete er sich mit einem jungen Mann an, der den Beinamen „El Patajo" trug und einige Jahre später, nach dem Sieg der kubanischen Revolution, im guatemaltekischen Guerillakrieg umkam.

Diesem anderen Reisegefährten widmete er die folgenden aufschlussreichen Seiten:

„Das erste Mal sahen wir uns im Zug auf der Flucht aus Guatemala, zwei Monate nach dem Sturz von Arbenz; wir fuhren nach Tapachula, von wo aus wir unseren Weg nach Mexiko fortsetzten [...]. Wie wir alle hatte er sich tief greifend gewandelt – von dem verwirrten jungen Mann, der Guatemala verließ, ohne den Sinn des Zusammenbruchs zu begreifen, zu dem bewussten Revolutionär, der er geworden war."[1]

Das Porträt träfe genauso gut auf den jungen Ernesto zu. In Mexiko waren die beiden damit beschäftigt, ihren Lebensunterhalt zu sichern, indem sie in den Parks der Hauptstadt Kinderfotos machten, die sie anschließend an die Eltern zu verkaufen suchten. Diese Tätigkeit nahm ihre Zeit in Anspruch, bis Guevara mit Fidel Castro zusammenkam und auf einer Hazienda in der Umgebung der Stadt mit anderen Mit-

[1] Ernesto Guevara, Second Voyage à travers l'Amérique (1953-1956), Paris, Mille et Une Nuits, 2002, S. 280-282.

gliedern der künftigen Expedition intensiv im Umgang mit Waffen geschult wurde. Er wurde mit zahlreichen kubanischen Revolutionären von der mexikanischen Polizei festgenommen, die sie bald wieder auf freien Fuß setzte, allerdings erst nach erkennungsdienstlicher Erfassung. Guevara wurde als internationaler „Kommunist" registriert. Im Gegensatz zu ihm wurde „El Patojo" nicht in die kleine Gruppe von kubanischen Revolutionären aufgenommen, die einige Monate später auf der Insel an Land ging. Castro hatte sich geweigert, aus seiner Bewegung „ein Mosaik von Nationalitäten" zu machen, war sie doch anfangs ausschließlich ein nationaler Kampf zur Befreiung Kubas von Batistas Diktatur gewesen.

Später machte sich der argentinische Revolutionär selbst daran, die Spuren zu verwischen, indem er sich nicht mehr als Reisender auf der Suche nach Abenteuern, sondern als Exilant ausgab (welchen Landes? und von welchem Regime verfolgt?). Schon in einer seiner ersten Schriften, die in Kuba veröffentlicht wurden, nimmt er diesen Status für sich in Anspruch:

„Der Verfasser dieser Seiten, der von den Wogen der Lateinamerika erschütternden sozialen Bewegungen wild umher geschleudert worden war, hatte Gelegenheit, einen anderen lateinamerikanischen Exilanten kennen zu lernen, dem es nicht anders ergangen war: Fidel Castro."[1]

Doch während Castro Kuba 1955 tatsächlich hatte verlassen müssen, nachdem er wegen des Angriffs auf die Moncada-Kaserne achtzehn Monate im Gefängnis verbracht hatte, hätte Guevara nach Argentinien zurückkehren können, wann immer er es gewollt hätte. Doch daran hatte er kein Interesse: Er hatte endlich eine Rechtfertigung für seine ziellosen Irrfahrten gefunden. Er war ein Revolutionär geworden, noch wichtiger, ein exilierter Revolutionär.

[1] Ibid., S. 259.

Guevara verspürte überhaupt keine Berufung zur ärztlichen Tätigkeit und hat sie auch niemals ernsthaft ausgeübt. Er hat zwar einige Praktika in Peru, Guatemala und Mexiko absolviert, aber war er wirklich Arzt?

Der im Exil lebende kubanische Historiker Enrique Ros, einer seiner kritischsten Biografen, bezweifelt die Echtheit des Examenszeugnisses, das Guevara nach offizieller Lesart 1953, zwischen zwei Reisen, erworben haben soll. Laut Ros wäre es selbst für einen hochbegabten Studenten, der Guevara durchaus nicht war, unmöglich gewesen, das Studium in so kurzer Zeit abzuschließen.[1] Ros hat sogar die medizinische Fakultät der Universität Buenos Aires gebeten, ihm eine Kopie des Examenszeugnisses von Ernesto Guevara de la Serna zuzuschicken. Die Verwaltung hat ihm geantwortet, das Dokument sei leider aus dem Universitätsarchiv verschwunden. Tatsächlich hat keiner seiner Exegeten dieses Dokument jemals zu Gesicht bekommen. Ein anderer Biograf, der Mexikaner Paco Ignacio Taibo II, einer der eifrigsten Hagiografen Guevaras, behauptet, dieser habe sein Studium durch Praktika außerhalb Argentiniens abgeschlossen.[2]

Guevara selbst aber bekennt in einem Brief vom 10. Mai 1954, ihm seien seine Examina in Guatemala nicht anerkannt worden, sodass er seinen erlernten Beruf nicht habe ausüben können.[3]

Fest steht jedenfalls, dass Che, selbst wenn er das Studium abgeschlossen haben sollte, seine theoretischen Kenntnisse nie praktisch vertieft oder aufgefrischt hat, abgesehen von einigen Hospitationen in medizinischen Einrichtungen verschiedener lateinamerikanischer Länder (einem Lepraheim in Peru, einem Krankenhaus in Mexiko). Er hat weder eine fach-

[1] Vgl. Enrique Ros, Ernesto Che Guevara – mito y realidad, op. cit., S. 29-26.

[2] Taibo, Paco Ignacio, Che – die Biographie des Ernesto Guevara, op. cit.

[3] Ernesto Guevara, Das magische Gefühl, unverwundbar zu sein, Das Tagebuch der Lateinamerika-Reise 1953-1956, op. cit., S. 135.

ärztliche Ausbildung absolviert noch war er Famulant oder Arzt im Praktikum (residencia in Argentinien), unabdingbare Voraussetzungen für die Tätigkeit in medizinischen Einrichtungen.

Auch sein zukünftiger Waffenbruder, der Rechtsanwalt Fidel Castro, übte den erlernten Beruf nie aus. Der hatte allerdings am Kampf der Jurastudenten an der Universität Havanna teilgenommen und seine diplomierten juristischen Kenntnisse dazu verwendet, die Rechtmäßigkeit von Batistas Staatsstreich in Frage zu stellen und sich selbst in dem Prozess zu verteidigen, der ihm im Oktober 1953 nach dem Angriff auf die Moncada-Kaserne gemacht wurde.

Castro hat den jungen Ernesto schließlich zum vollgültigen Arzt erklärt. Bei Che liest sich das so:

„Ich habe mit Fidel eine ganze Nacht lang diskutiert. Beim Morgengrauen war ich dann der Arzt seines Expeditionsunternehmens.“[1]

Diese Ernennung war ihm wichtiger als alle seine akademischen Zeugnisse. Es genügte ihm, von Castro berufen zu werden. Aber ihm war nie in den Sinn gekommen, ein Armenarzt zu werden. Das war weder seine Absicht noch seine Bestimmung.

Als Arzt nahm er mit Fidel Castros zweiundachtzig Rebellen an der Expedition der Jacht Gramma teil, die vom mexikanischen Hafen Tuxpan aufbrach und am 2. Dezember 1956 Kubas Ostküste erreichte. Doch in dem Augenblick, da es zur ersten Kampfhandlung kam – als die Gruppe von Batistas Soldaten überrascht wurde, sah er sich augenblicklich vor eine grundsätzliche Entscheidung gestellt. Hören wir ihn selbst:

„Vielleicht war dies das erstemal, daß ich praktisch vor das Dilemma gestellt wurde, mich meinen medizinischen Aufgaben oder meiner Pflicht als Soldat der Revolution zu widmen. Vor mir hatte ich einen Tornister voller Medikamente und eine Kiste Munition, beide zusammen waren zu schwer, um sie

[1] Ernesto Che Guevara, Obra revolucionaria, op. cit., S. 259.

 zugleich zu tragen; ich nahm die Munitionskiste und ließ den Tornister zurück."[1]

Trotzdem musste er innerhalb der Gruppe noch des Öfteren die ärztlichen Aufgaben wahrnehmen, für die er angemustert worden war.

Den kubanischen Journalisten, die in die Sierra Maestra gekommen waren, um die Guerilleros zu interviewen, antwortete er auf die Frage nach seiner Lektüre:

„Ich bin ein unersättlicher Leser. Von medizinischen Werken abgesehen, lese ich Bücher aller Art."[2]

Das war durchaus kein Scherz. Er hatte sich praktisch von allem getrennt, was ihn an seine Studien erinnern konnte, und versuchte auch nicht, sich durch einschlägige Lektüre neue Kenntnisse anzueignen.

Stattdessen analysierte er einige Monate nach der Landung der Gramma ziemlich allgemein die Gesundheitsversorgung der kubanischen Bauernschaft, während er widerwillig als Arzt der Gruppe fungierte.

Wenn Guevara sich später über diesen Punkt äußerte, spielte er die Bedeutung seiner medizinischen Ausbildung systematisch herunter und betonte stattdessen die Entwicklung seines sozialen Gewissens. Sehr deutlich kam das in einer Rede zum Ausdruck, die er am 19. August 1960 im Gesundheitsministerium hielt:

„Nachdem ich mein Examen gemacht hatte, begann ich aufgrund spezieller Umstände und vielleicht auch meiner besonderen Wesensart ganz Amerika zu bereisen, das ich wirklich kreuz und quer durchfahren habe. Abgesehen von Haiti und der Dominikanischen Republik habe ich alle anderen amerikanischen Länder aufgesucht. Infolge der Art, wie ich reiste, zunächst als Student, dann als Arzt, bin ich mit Not, Hunger und

[1] Ernesto Guevara, Episoden aus dem Revolutionskrieg, Leipzig, Reclam, 1978, S. 15.

[2] Zitiert in: Enrique Ros, Ernesto Che Guevara – mito y realidad, op. cit., S. 161.

Krankheit in enge Berührung gekommen, mit der Unfähigkeit, ein Kind behandeln zu lassen, weil es an den nötigsten Mitteln fehlt, mit der Abstumpfung, die aus Hunger und täglicher Not erwächst und die solche Ausmaße annehmen kann, dass der Tod eines Kindes für einen Vater nur noch ein bedeutungsloser Unfall ist, wie er sich in den am schlimmsten betroffenen Schichten unseres amerikanischen Vaterlandes so häufig ereignet. Und da begann ich zu begreifen, das es Dinge gibt, die fast so wichtig sind, wie ein berühmter Forscher zu werden oder einen bedeutenden Beitrag zur medizinischen Wissenschaft zu leisten: nämlich diesen Menschen zu helfen."[1]

In seinen Berichten über den Guerillakrieg auf Kuba kommt er immer wieder auf die ärztlichen Besuche bei den Bauern zu sprechen, durch deren Dörfer die Guerilleros kamen und die so nachhaltig zu seinem Ruf als „revolutionärer Arzt" beigetragen haben, der das Gewehr mit dem Stethoskop vertauschen konnte und umgekehrt:

„In jener Zeit hatte ich meine ärztlichen Pflichten zu erfüllen, und in jeder kleinen Siedlung oder Ortschaft, wohin wir kamen, hielt ich eine Sprechstunde ab. Es war eintönig, denn ich hatte nicht viele Medikamente zu verabreichen, und die Krankheitsfälle in der Sierra wiesen keine großen Unterschiede auf; Frauen, die vorzeitig gealtert waren, ohne Zähne, Kinder mit ungeheuer aufgeblähten Bäuchen: Parasitenbefall, Rachitis, allgemeinem Vitaminmangel waren die Kennzeichen der Sierra Maestra ... meine Kenntnisse reichten nicht viel weiter, aber außerdem hatten alle das gleiche Krankheitsbild und erzählten die gleiche, herzzerreißende Geschichte, ohne sich dessen bewusst zu sein."[2]

Daraus leitete Che die Notwendigkeit einer Bodenreform ab, die geeignet war, die Unterernährung der Bauern in der Sierra Maestra zu beenden. Dort setzte er auch seine medizinischen

[1] Ernesto Che Guevara, Escritos y discursos, Bd. 1, Havanna 1977, S. 176.

[2] Ernesto Guevara, Episoden aus dem Revolutionskrieg, op. cit., S. 71.

Kenntnisse in die Praxis um. Er versorgte vor allem hin und wieder seine verwundeten Gefährten oder rückte ihren Zahnschmerzen radikal zu Leibe, was ihm den Beinamen Sacamuelas („Zahnklempner") eintrug. Sobald er von Fidel Castro in den Rang eines Comandante der Rebellenarmee erhoben wurde, gab er die ihm ursprünglich übertragene Funktion auf. Die Pflichten des Soldaten und des Arztes – das Töten und das Heilen – waren in seinen Augen unvereinbar.
Was ihn allerdings nicht daran hinderte, eine (außerordentlich schmeichelhafte) Ehrung der kubanischen Ärzte entgegenzunehmen, die ihn in ihrer Begeisterung über die Flucht des Diktators Batista unmittelbar danach, am 13. Januar 1959, zum „kubanischen Arzt ehrenhalber" ernannten. Am nächsten Tag wurde der Festakt in der Tageszeitung Revolución wie folgt erwähnt:
„Im Rahmen einer feierlichen Sitzung hat der Exekutivausschuss der Nationalen Medizinischen Hochschule gestern den Kommandanten Ernesto Guevara empfangen, einen namhaften argentinischen Arzt, der die Sache der Revolution zu der seinen gemacht hat."[1]
Der „namhafte argentinische Arzt", der durch Erlass der Revolutionsregierung schon bald die kubanische Staatsbürgerschaft erhielt, hatte sich allerdings eher auf dem Schlachtfeld als in Krankenhäusern einen Namen gemacht.
Immerhin ließ er sich den Aufbau eines neuen Gesundheitswesens in Kuba angelegen sein. Dies berichtete die Gynäkologin Martha Fayde, die Fidel Castro sehr nahe stand, bevor sie in Ungnade fiel und drei Jahre in den Gefängnissen des Regimes verbrachte.
In ihrem Bericht Ècoute, Fidel – „Hör zu, Fidel" –, der im Exil entstand, schreibt sie, wie Che sie in die DDR schickte, wo sie sich alles Nötige besorgen sollte, um ein Nationales Krankenhaus und eine Schwesternschule aufbauen zu können.

[1] Revolución, Havanna, 14. Januar 1959.

„Du wirst in die Deutsche Demokratische Republik reisen. Ich habe unseren ersten Vertrag mit einem kommunistischen Land unterschrieben. Dir fehlt es an Geräten und Instrumenten für dein Krankenhaus. Die Devisen sind unter unserer Kontrolle. Du kaufst dort alles, was du brauchst. Das ist wichtig für die Revolution.“[1]

Vernünftigerweise hätte Guevara zum Gesundheitsminister ernannt werden müssen und nicht zum Präsidenten der Nationalbank oder zum Industrieminister. Seine ursprüngliche Ausbildung prädestinierte ihn für diesen Posten. Aber der interessierte ihn wenig. Fürchtete er, dass nach der Anerkennung, die ihm in der ersten Begeisterung der siegreichen Revolution zuteil geworden war, seine medizinischen Fachkenntnisse von der kubanischen Ärzteschaft in Zweifel gezogen werden könnten, die damals schon als eine der besten Lateinamerikas galt?

[1] Martha Frayde, Écoute, Fidel, Paris, Denoël, 1987, S. 76. Interview mit dem Autor, Mai 2004.

2

Die „Spitzel“ und die „Verräter“

Also machte ich dem ganzen ein Ende und schoß ihm mit einer 32er-Pistole in die rechte Gehirnhälfte.

Sobald Che Guevara beschlossen hatte, die Medizin für den bewaffneten Kampf aufzugeben, übernahm er die Rolle des Guerilleros vorbehaltlos und ohne Rücksicht auf das Leben anderer. Am 28. Januar, zwei Monate nachdem er kubanischen Boden betreten hat, gesteht er in einem Brief an Hild Gadea unverblümt:

„Diese brennenden Zeilen ... erreichen dich aus dem kubanischen Dschungel, ich bin wohlauf und lechze nach Blut.“[1]

Etwas verschlüsselter drückt sich Guevara zu einem späteren Zeitpunkt, 1965, aus:

„Vielleicht ist das eine der großen Tragödien des Führers; er muss ein leidenschaftliches Temperament mit kalter Intelligenz verbinden (und schmerzliche Entscheidungen treffen, ohne dass sich ein einziger Muskel bewegt).“[2]

Um was könnte es sich bei den „schmerzlichen Entscheidungen“ gehandelt haben, die in diesen Zeilen so abstrakt bleiben? Hat er an die Erschießungen gedacht, die er zwischen 1956 und 1958, im Kampf gegen die Diktatur von Batista, in der Sierra Maestra vornahm? Oder eher an jene, die er 1959 in der Festung La Cabaña in Havanna beaufsichtigte? Auf jeden Fall kümmerte er sich gerne persönlich um die Exekution der „Spitzel“ und „Verräter“, der „Handlanger“ und des „Gewürms“.

[1] Jon Lee Anderson, Che – die Biographie, op. cit., S. 185.

[2] Ernesto Che Guevara, Obra revolucionaria, op. cit., S. 638.

Seine erste Exekution war die Hinrichtung Eutimio Guerras, eines ortskundigen Bauern, der die Rebellenarmee führte, zugleich aber von Batistas Militärs den Auftrag erhalten hatte, Fidel Castro im Schlaf zu ermorden.
Von dieser Hinrichtung gibt es zwei Versionen, beide stammen von Che Guevara. Eine steht in den Episoden aus dem Revolutionskrieg, einer ursprünglich 1963 auf Kuba erschienenen Textsammlung, die andere zitiert der amerikanische Journalist Jon Lee Anderson in seinem Buch Che – die Biographie aus Ches erstem Tagebuch über die Guerilla in der Sierra Maestra.
In dem Kapitel mit dem Titel „Ende eines Verräters" beschreibt Guevara, wie dieser Mann mitten im Guerillakrieg auf Befehl Castros von einem Standgericht abgeurteilt und getötet wird:
„In jenen Minuten brach ein sehr starker Sturm los, und es wurde vollkommen dunkel: Inmitten eines ungeheuren Wolkenbruchs, während der Himmel von Blitzen und laut dröhnendem Donner zerschnitten wurde und gerade einer dieser Blitze mit dem ihn begleitenden Donner in der Nähe einschlug, endete Eutimio Guerras Leben, ohne daß selbst die nahe stehenden Compañeros das Krachen des Schusses hören konnten."[1]
In diesem Bericht unterschlägt Guevara den Todesschützen: sich selbst. Darüber gibt er allerdings in einer anderen seiner Schriften Auskunft, denn er hat während seiner Abenteuer in aller Welt verschiedene Tagebücher geführt. Das aus der Sierra Maestra ist nie veröffentlicht worden. Fidel Castro persönlich dürfte entschieden haben, dass bestimmte allzu grausame Details nicht in die Öffentlichkeit gehörten. Das Tagebuch ist im Besitz seiner zweiten Ehefrau Aleida March geblieben. Sie hat es Jon Lee Anderson zu lesen gegeben. Dort stellt Che seine anatomischen Kenntnisse unter Beweis, allerdings nicht um ein Leben zu retten, sondern um es zu vernichten:
„Die Situation war für die Männer und [Eutimio] unangenehm, also machte ich dem ganzen ein Ende und schoß ihm mit

[1] Ernesto Che Guevara, Episoden aus dem Revolutionskrieg, Leipzig, Reclam, 1978, S. 50.

einer 32er-Pistole in die rechte Gehirnhälfte mit Austrittsloch am rechten Schläfenbein. Er röchelte noch ein wenig, dann war er tot. Als ich ihm seine Habseligkeiten abnehmen wollte, konnte ich seine Uhr, die mit einer Kette an seinem Gürtel befestigt war, nicht losmachen, und da sprach er zu mir mit ruhiger Stimme, aus einer Ferne jenseits der Angst: ‚Reiß sie ab, Junge, was spielt das noch für eine Rolle...' Das tat ich, und seine Habseligkeiten waren mein. Wir schliefen schlecht, es war feucht, und mir machte das Asthma zu schaffen."[1]

Im Augenblick seines Todes in Bolivien, als er sich dem Mann gegenüber sah, der den Befehl geben sollte, ihn zu töten, dürfte er diese Szene noch einmal durchlebt haben, denn er schenkte dem CIA-Agenten Félix I. Rodriguez seine Pfeife zur bleibenden Erinnerung.

Eutimio Guerra war der erste in einer langen Reihe von „Verrätern", die von den Guerilleros in der Sierra Maestra hingerichtet wurden. Guevara nahm wiederholt auf diese Exekutionen Bezug. Für ihn waren das zutiefst gerechte Handlungen (ajusticiamientos) im Rahmen des „Kampfes gegen das Banditenunwesen" - ein Ausdruck, den er später verwendet, um die Auseinandersetzung mit den konterrevolutionären Gruppen im Escambray-Gebirge während der ersten Hälfte der sechziger Jahre zu bezeichnen. Che Guevara berichtet von mehreren dieser Männer, so dem Galicier („El Gallego") Morán (der später von den Revolutionären beseitigt wird) und anderen. Über den Bauer Aristidio schreibt Che:

„Die Revolution erlebte damals schwere Augenblicke, und in Anwendung der Befugnisse, die ich als Chef eines Operationsgebietes hatte, vollstreckten wir nach einer kriegsgerichtlichen Untersuchung das Todesurteil an dem Bauern Aristidio."[2]

Allerdings scheint Che Guevara gewisse Zweifel zu haben, als er seine Berichte über den Guerillakrieg veröffentlicht:

„Heute fragen wir uns, ob er tatsächlich so schuldig war, daß

[1] Jon Lee Anderson, Che – die Biographie, op. cit., S. 192-193.

[2] Ernesto Guevara, Episoden aus dem Revolutionskrieg, op. cit., S. 143.

er den Tod verdiente, und ob man nicht ein Leben für die Etappe des revolutionären Aufbaus hätte retten können. Der Krieg ist schwer und hart, und in solchen Perioden, in denen der Feind seine Aggressivität verstärkt, kann man nicht einmal die kleinsten Anzeichen von Verrat dulden."[1]

Dann führt er seitenlang weitere Hingerichtete auf: den Chinesen Chang und einen Bauern, der eine Jugendliche vergewaltigt hatte, zwei weitere Bauern, Dionisio und Juan Lebrigio, die „Spione" sind, einen Jungen, der Echevarría hieß, einen Mann, der El Maestro („Meister") genannt wurde, „ein pittoreskes Individuum", wie Guevara schreibt. Als aufmerksamer Beobachter der menschlichen Natur im Augenblick des Todes findet er den Fall von Echevarría „pathetisch", da der junge Mann vor seiner Exekution in einem Brief an die Mutter von „der Gerechtigkeit der Strafe" schrieb und „ihr ans Herz legte, der Revolution treu zu sein". So mussten die Schuldigen oder mutmaßlich Schuldigen also selbst die Rechtmäßigkeit ihres Todesurteils anerkennen.

Guevara berichtet auch über drei von Castro befohlene Scheinhinrichtungen an jungen Leuten, die einer „symbolischen" Bestrafung unterzogen werden sollten, aber, wie er fand, noch „eine Chance verdienten". Guevara ist von der Reaktion des einen gerührt, der ihm, nachdem er festgestellt hatte, dass er noch lebte, „einen schallenden Kuß [gab], als stünde er seinem Vater gegenüber".

Che Guevara geht im Nachhinein noch einmal auf die Rechtmäßigkeit dieser Maßnahmen ein und fragt ganz offen:

„Dieses System, das hier zum erstenmal in der Sierra angewendet wurde, mag jetzt barbarisch erscheinen, nur ist zu beachten, daß es keine andere mögliche Strafe für jene Männer gab, denen man das Leben bewahren konnte, die aber eine Reihe von ziemlich ernsten Vergehen zu verantworten hatten."[2]

[1] Ibid., S. 143.

[2] Ernesto Guevara, Episoden aus dem Revolutionskrieg, op. cit., S. 145.

Für keinen der Männer, die auf seinen Befehl von den Revolutionären oder auch manchmal von ihm selbst hingerichtet wurden, findet Guevara ein Wort des Bedauerns. Menschlicher zeigte er sich nur gegenüber einem Hündchen, dessen Beseitigung er als „Ermordung“ bezeichnete: Es handelte sich um das Maskottchen der Guerilleros, das er und seine Genossen töten mussten, weil es immer im falschen Moment bellte, das heißt, wenn sie gegnerischen Soldaten auflauerten. Ches Befehl an den Kampfgefährten, der sich um das Hündchen kümmerte, duldete keinen Widerspruch:

„Félix, dieser Hund heult nicht noch einmal, du übernimmst es, das zu erledigen. Erdrossele ihn. Er darf nicht wieder bellen.“[1]

Gesagt, getan. Anschaulich beschreibt Guevara den Todeskampf des Hündchens in allen Einzelheiten. Doch am Abend schließt sich ein anderer Hund der Rebellengruppe an und erinnert sie an das tote Hündchen. Da lässt der Kommandant einen Hang zur Sentimentalität erkennen, der ihm sonst fremd ist:

„In uns regte sich eine kaum nach außen dringende Gemütsbewegung. Vor uns allen erstand das ermordete Hündchen wieder mit seinem zutraulichen, spitzbübischen und etwas vorwurfsvollen Blick, obwohl es uns durch die Augen eines anderen Hundes anschaute.“[2]

Die erklärten Feinde, das heißt, Batistas reguläre Soldaten, werden vor den Guerilleros, und insbesondere Che, gut behandelt. Der macht einem Kampfgefährten, der einen verwundeten Soldaten getötet hat, heftige Vorhaltungen. Er hält es für einen Akt des Vandalismus, billigt ihm aber gleichzeitig mildernde Umstände zu, da „seine Familie vom Batista-Heer vernichtet worden war“. Einer der gefangenen Soldaten klammert sich, als er hört, welche Vorhaltungen Guevara diesem Revolutionär macht, an die Worte des Comandante und ruft, um sein Leben zu retten, jedem vorbeikommenden Rebellen

[1] Ibid., S. 150.

[2] Ibid., S. 152.

zu: „Töte mich nicht, töte mich nicht, Che sagt, die Gefangenen werden nicht getötet."[1]

Guevaras Äußerungen über seine Feinde fallen unterschiedlich aus, je nachdem, ob es sich um reguläre Soldaten handelt oder um Männer, die aus den Reihen der Rebellen hervorgegangen sind. Wer eindeutig als Soldat von Batistas Armee zu erkennen ist, wird während des Kampfes nach den Regeln des Kriegsrechts behandelt (was später keinesfalls für die Leute gilt, die als „Handlanger" eingestuft werden); die anderen (die „Spitzel" oder „Verräter") können nicht auf Milde hoffen. Wer vom Pfad der geheiligten Sache abweicht, versündigt sich gegen die revolutionären Ideen. Die Soldaten können in besonderer Weise auf sich aufmerksam machen, was ihnen vielleicht eines Tages einen Platz in den Reihen der Revolutionäre verschafft, oder sich Guevara gegenüber zumindest neutral verhalten.

Bereits während des Guerillakrieges begann die Idee der „Revolutionstribunale" Gestalt anzunehmen, in denen Che, einmal an der Macht, eine maßgebliche Rolle spielte. In einem Brief an Enrique Oltusky (Pseudonym „Sierra"), ein Mitglied der Widerstandsgruppe der Bewegung des 26. Juli, der später Minister wurde, schrieb er:

„Ich bin bereit, vor jedem Revolutionstribunal über mein Verhalten Rechenschaft abzulegen."[2]

Guevara musste sich nie vor irgendeinem Gericht verantworten. Im Gegenteil, unter seinem Vorsitz wurden Dutzende von Todesurteilen gefällt, die an „Spitzeln", „Verrätern", „Handlangern" vollstreckt wurden, aber auch an einfachen Bürgern, die sich keines Verbrechens schuldig gemacht hatten.

In der Sierra Maestra zeigte seine Haltung schon im Keim, was später den Kern seiner Theorien ausmachen sollte: die proklamierte Notwendigkeit einer „neuen Gesellschaft" und eines „neuen Menschen", und die absolute Pflicht, jeglichen Verrat schon im Ansatz – wenn nötig auch physisch - zu ersticken.

[1] Ernesto Guevara, Episoden aus dem Revolutionskrieg, op. cit., S. 132.

[2] Ernesto Che Guevara, Obra revolucionaria, op. cit., S. 654.

Zweiter Teil
Der Guerillero an der Macht

1

Die Hinrichtungen

Wir haben Erschießungen vorgenommen; wir nehmen Erschießungen vor und wir werden auch weiterhin Erschießungen vornehmen.

„Verschiedentlich kam Che unverhofft vorbei, um zuzuschauen. Er kletterte auf die Mauer. Das war nicht schwer, denn es gab da eine Treppe. Er legte sich auf den Rücken, rauchte eine Havanna und sah sich die Exekutionen an. Alle Soldaten der Cabaña sprachen darüber. Meine Männer sagten: ‚Wenn wir den Befehl haben, an einem Erschießungskommando teilzunehmen, sehen wir Che dort oben auf der Mauer eine Zigarre rauchen.' Denen, die schießen mussten, half es. Für die Männer, die Che noch nie zuvor gesehen hatten, war es eine wichtige Sache. Es gab ihnen Mut."

Diese Aussage stammt von Dariel Alarcón Ramirez, „Benigno" genannt, einem der ältesten und treuesten Waffengefährten Guevaras, einem der Überlebenden des Guerillakampfes in Bolivien, seit 1996 politischer Flüchtling in Frankreich. „Benigno" war Che blindlings in alle seine Abenteuer gefolgt, zunächst in den Guerillakrieg gegen Batista, dann in die Regierungstätigkeit auf Kuba, schließlich in den Kongo und nach Bolivien. Er stellte damals wenig Fragen. Für ihn dienten alle diese Unternehmungen ein und demselben Ziel: dem weltweiten Kampf gegen Ungerechtigkeit. Für ihn stand fest, dass die Revolution eine natürliche Folge der Unterdrückung sei. Jahre hat er gebraucht, um Ches Person infrage zu stellen, um zu akzeptieren, dass Guevara nicht nur der Guerillero war, der die Batista-Diktatur bekämpfte, sondern auch einer der Hauptverantwortlichen für die von der Revolutionsregierung ausgeübten Unterdrückung.[1]

Revolutionstribunale und Erschießungspfähle

Im Inneren des Gefängnisses La Cabaña, das die Ostküste der Bucht von Havanna überragt, etwas hinter dem Castillo del Morro gelegen, dessen Leuchtturm das erste ist, was man von der Stadt sieht, trat Che Guevara erstmals in seiner Rolle als siegreicher Comandante in Erscheinung. Hier beaufsichtigte er die Hinrichtungen, die von der neuen Revolutionsregierung angeordnet worden waren. Es handelt sich um eine imposante Festung, die von den Spaniern zur Zeit ihrer Kolonialherrschaft errichtet wurde, um den Zugang der Stadt gegen Überfälle von Feinden - (vorwiegend englischen) Korsaren oder Piraten - zu sichern. Es hat seit jeher als primitives Gefängnis gedient, vor neugierigen Blicken geschützt, weit vom Stadtzentrum entfernt, wo Übergriffe jeder Art erlaubt waren. Die Revolution machte keine Ausnahme von dieser Regel.

Dieses Kommando war eine der wichtigsten militärischen Aufgaben Guevaras. Nur schwer können wir in dem Mann, der uns als ewiger Rebell präsentiert wurde, den unerbittlichen Henker sehen. Und doch hat sich den Kubanern, die in jener Zeit Angehörige verloren haben, dieses Bild unauslöschlich eingeprägt. Nicht alle Menschen haben die gleiche Erinnerung an Che.

[1] Interviews mit dem Autor, Paris, 2003-2006. „Benigno" führte bereitwillig mehrere Gesprächen mit mir. Ich verdanke ihm wichtige Informationen, die nicht in seinen Büchern enthalten sind - Les survivants du Che (Monaco, Rocher, 1995) und Memorias de un soldato cubano: vida y muerte de la revolución, Barcelona, Tusquets, 1997. Im Laufe der Jahre hat sich seine Auffassung grundlegend gewandelt. „Ich habe erkannt", sagt er, „dass ich für Che weder Achtung noch Bewunderung empfand. Ich hatte Furcht vor ihm, wenn ich mich nicht genau an seine Befehle hielt."

Als Kommandant des Gefängnisses La Cabaña – ein Posten, den er von Januar bis zu Juli innehatte – und Vorsitzender des Säuberungsausschuss (Comisión Depuradora, wie er offiziell hieß) ließ Che annähernd hundertachtzig Todesurteile vollstrecken. Ununterbrochen tagten die Revolutionstribunale im Inneren der Festung. Die Befehle allerdings kamen von höherer Stelle, von Fidel Castro persönlich.
„La Cabaña war eine Festung, in der mehr als tausend Mann stationiert waren", berichtet „Benigno", „Che und Jorge (genannt ‚Papito') Serguera führten bei den Tribunalen abwechselnd den Vorsitz. Die Prozesse begannen erst, wenn gegen sechs Uhr nachmittags die Post vom Generalstab eingetroffen war. Diese wurde dem Wachoffizier dann in einem versiegelten Umschlag überreicht. Wenn der Melder Verspätung hatte, ließ Che Zeichen von Ungeduld erkennen. Er sah auf die Uhr und sagte: ‚Jetzt ist es schon so spät, und die Post ist immer noch nicht da.' Der Umschlag enthielt die Liste der Leute, die am jeweiligen Abend abgeurteilt werden sollten, sowie die Urteile, die im Einzelnen gefällt werden sollten. Ohne jede Zweifel hat Fidel die Entscheidungen getroffen.
Ich wurde häufig zur Cabaña geschickt. Damals war ich Hauptmann der Militärpolizei und befehligte die San-Ambrosio-Kaserne, von der jeden Tag eine Kompanie meiner Männer aufbrach, um die Erschießungen durchzuführen. Es waren lauter Freiwillige.
Ich sah einen Mann, der erschossen werden sollte. Hinter den Gefängnisgängen waren drei Pfähle aufgestellt. An einen von ihnen hatten sie den Mann gefesselt und ihm die Augen verbunden. Er hatte angefangen, seine Mutter anzuflehen, nach seinen Kindern zu rufen und unter sich zu pissen und zu scheißen. Dann ist ein Priester gekommen. Ich habe mich gefragt, was er bei dem Mann sollte, der gleich erschossen werden würde. Das konnte ich mir nicht mehr mit ansehen. Ich habe mich umgedreht und bin gegangen. Den Rest habe ich nicht mehr gesehen, nur noch die Schüsse gehört. Ich habe am ganzen Körper gezittert. Ich weiß nicht, ob es Angst

war. Schließlich bin ich mein ganzes Leben lang ein Kämpfer gewesen, aber ich bin unfähig, einen Menschen kaltblütig umzubringen."

In der Festung gingen die Hinrichtungen weiter, solange Che Guevara dort Kommandant war. In bescheidenerem Umfang galt das für die ganze Insel. Guevara war nur ein Glied in der Kette, bewies aber einen besonderen Eifer bei den Hinrichtungen.

Der Anwalt José Vilasuso, der heute im Exil lebt, gehörte zu den Leuten, die die Akten der von dem Säuberungsausschuss verurteilten Gefangenen zu bearbeiten hatten. Er berichtet, Che Guevaras Anweisung habe gelautet:

„Verschleppt die Prozesse nicht. Das hier ist eine Revolution. Legt keine bürgerlichen Rechtsmaßstäbe an, Beweise sind nebensächlich. Ihr müsst aus Überzeugung handeln. Wir haben es mit einer Bande von Verbrechern und Mördern zu tun. Außerdem denkt dran, dass es noch eine Berufungsmöglichkeit gibt."

José Vilasuso stellt allerdings in Hinblick auf das Revolutionstribunal der Cabaña klar:

„Nicht ein einziges Mal ist einem Berufungsantrag stattgegeben worden."[1]

Wenn es galt, bestimmte Mitglieder des Regimes Batista festzunehmen, abzuurteilen und hinzurichten, handelte Guevara auch schon mal aus eigenem Antrieb, ohne die Befehle von oben abzuwarten. Das geschah vor allem im Fall des Leutnants Castaño, eines Verantwortlichen des BRAC, des Buró de Represión a las Actividades Comunistas (Büro zur Unterdrückung kommunistischer Aktivitäten), wobei Castaño weniger mit der Unterdrückung als mit der Nachrichtenbeschaffung befasst war. Er wurde beim Einmarsch von Ches Truppen in Havanna von einem Spezialkommando festgenommen, in einer Zelle der Cabaña isoliert und nach einem Schnellver-

[1] José Vilasuso, „A la orden del Che Guevara", El Disidente universal, San Juan de Porto Rico, Dezember 2005, S. 22-23.

 fahren im März 1959 hingerichtet, ohne dass man ihm ein Kapitalverbrechen hatte nachweisen können.

Der Festungskommandant nahm während der ersten Monate des Jahres 1959 auch Scheinhinrichtungen vor, wie der heute im Madrider Exil lebende Fausto Menocal bezeugt. Fausto kam wie durch ein Wunder mit dem Leben davon, weil er ein Nachkomme von Mario Garcia Menocal, einem ehemaligen Präsidenten der Republik Kuba ist, und weil die Anklage ihm keine Verfehlungen nachweisen konnte. Angeklagt ein Spitzel zu sein und ein Gruppe von Revolutionären verpfiffen zu haben, kam er zunächst im Stadion in Haft, wo viele Gefangene ohne Gerichtsurteil in Dreiergruppen erschossen wurden. Anschließend saß er vom 5. Januar bis 30. April 1959 in La Cabaña ein. Unter anderem musste er vierzig Stunden aufrecht stehen – Tag und Nacht, ohne dass er essen, trinken und seine Notdurft verrichten durfte. Das Ganze fand in der Befehlsstelle des Kommandanten statt, einem langen Korridor, den Männer in Uniformen und Waffen entlang eilten, sich Befehle unterschreiben ließen, Che welche überbrachten und sich über den Gefangenen lustig machten, bis er vor Entkräftung zusammenbrach. Er wurde von Guevara persönlich verhört. Anschließend warf man ihn zu mehreren anderen Gefangen in eine kleine Zelle, wo alle auf dem nackten Boden schlafen mussten. Eines Abends kam Che zu ihm in die Zelle und teilte ihm mit: „Wir werden Sie heute Nacht erschießen.“

„Ich wurde vor das Erschießungskommando geführt“, berichtet Fausto Menocal. „Sie haben mich an einen Pfahl gefesselt, mir die Augen verbunden, dann fielen Gewehrschüsse. Schließlich kam jemand, um mir, wie ich meinte, den Gnadenschuss zu geben. Ich spürte einen heftigen Schlag gegen die Schläfe. Tatsächlich war es ein Hieb mit dem Gewehrkolben, der mir das Bewusstsein raubte. Ich dachte, ich sei tot, bis ich, wieder in die Zelle verbracht, einen Hahn krähen hörte. Erst da wurde mir bewusst, dass ich noch am Leben war.“[1]

[1] Interview mit dem Autor, Mai 2004.

Rechtfertigung der Hinrichtungen vor den Vereinten Nationen

Der Festungskommandant musste seine Uniform nicht wechseln, um aus der Rolle des Guerilleros, der eine Tyrannei bekämpfte, in die des Organisators zu schlüpfen, der für die kompromisslosen Unterdrückmaßnahmen der neuen Revolutionsregierung verantwortlich war. Gab es einen Widerspruch zwischen den Funktionen beider? Nicht für Guevara, der, immer noch in seiner olivgrünen Uniform, zum internationalen Sprecher des Castro-Regimes avanciert war und von der Rednertribüne der Generalversammlung der Vereinten Nationen am 11. Dezember 1964 die Kritik an Kuba, die von den Repräsentanten mehrerer lateinamerikanischer Länder und den Vereinigten Staaten vorgebracht worden war, mit den Worten konterte:

„Wir haben Erschießungen vorgenommen; wir nehmen Erschießungen vor und wir werden auch weiterhin Erschießungen vornehmen, wenn es sein muss; unser Kampf ist ein Kampf auf Leben und Tod. Wir wissen, was der Preis für eine verlorene Schlacht ist, und die Konterrevolutionäre sollen ebenfalls wissen, was für ein Preis sie heute in Kuba für eine verlorene Schlacht erwartet.“[1]

Damals war es einigermaßen ungewöhnlich, dass der Sprecher eines Landes auf einer der wichtigsten internationalen Bühnen Hinrichtungen rechtfertigte, die unter seiner Verantwortung begangen wurden. Castro selbst dürfte wenig Gefallen daran gefunden haben, dass sein getreuer, aber schwer zu bändigender Stellvertreter vom geplanten Text seiner Rede abwich und sich zu einem derartig lyrischen Exkurs hinreißen ließ, um auf die Anschuldigen zu antworten, denen sich Castros Regime seit seinen Anfängen gegenübersah und die einige Delegierte der UN-Generalversammlung zu diesen Zwischenfragen veranlasst hatten. Damals wurden die Hinrichtungen, die in der

[1] Ernesto Guevara, Écrits II, Œuvres révolutionnaires, Paris, Maspero, 1968, S. 235-236.

Tat weiterhin durchgeführt wurden, schon lange nicht mehr auf den Titelseiten der wenigen in Kuba noch verbliebenen Zeitungen erwähnt - ganz im Gegensatz zu den ersten Monaten der Revolution im Jahr 1959, wo sie täglich Schlagzeilen machten. Gewiss, die Konterrevolutionäre und all die anderen, die in der einen oder anderen Weise kundgetan hatten, dass sie mit der Politik des Regimes nicht einverstanden waren, waren ins Exil gegangen (pauschal mit dem Wort gusanos belegt, Regenwurm oder Gewürm) und wurden vom Regime und insbesondere Che Guevara keines Wortes mehr gewürdigt. Doch Fidel Castro hatte verstanden, dass es für sein Image nicht gerade förderlich war, wenn weiterhin vor der Weltöffentlichkeit verkündet wurde, dass die Revolution damit fortfuhr, einen Teil seiner Gegner füsilieren zu lassen. Guevaras Extempore dürfte den Comandante en jefe, den Oberkommandierenden, sehr verärgert haben.

Die Äußerungen, die Guevara, nicht immer von Fidel Castro abgesegnet, auf verschiedenen internationalen Konferenzen tat, bewirkten, dass er einige Monate später, 1965, in Ungnade fiel und Kuba verließ.

In derselben Erwiderung auf die Kritik an der kubanischen Regierung erklärte Che:

„Ich bin Kubaner, aber auch Argentinier und fühle mich - die ehrenwerten Staatswesen Südamerikas mögen es mir verzeihen - als Patriot Lateinamerikas, jedes lateinamerikanischen Landes, so patriotisch wie deren glühendsten Patrioten. Ich wäre bereit, im richtigen Augenblick mein Leben für die Befreiung eines beliebigen lateinamerikanischen Landes zu geben, ohne von irgendjemand etwas zu erwarten, ohne etwas zu verlangen, ohne jemanden auszubeuten.“[1]

In der Rede, in der Guevara die Verantwortung für die unschönen Seiten der kubanischen Revolution übernahm, verlieh er also zugleich seinem Wunsch Ausdruck, den Tod in fremden Ländern zu suchen. Das Opfer anderer Menschen war nur ein Vorspiel für das des eigenen Lebens.

[1] Ibid., S. 232.

2

Von der Bewunderung Stalins zur Unterwerfung unter Castro

Ich gehöre aufgrund meines ideologischen Hintergrunds zu denen, die daran glauben, daß die Lösung für die Probleme der Welt hinter dem sogenannten Eisernen Vorhang zu finden ist.

1953, in Stalins Todesjahr, befand sich Ernesto Guevara noch in Costa Rica - kurz bevor er nach Guatemala ging, wo er in die Unruhen nach dem Sturz von Oberst Jacobo Arbenz verstrickt wurde -, als er an seine Tante Beatriz schrieb:
„Ich habe vor einem Porträt unseres alten und viel zu früh von uns gegangenen Genossen Stalin geschworen, dass ich nicht ruhen werde, bevor diese kapitalistischen Kraken vernichtet sind."
Einen anderen Brief an dieselbe Tante unterzeichnet er mit „Stalin II".
Später äußert er sich in diesem Punkt noch eindeutiger:
„Wer nicht die vierzehn Bände von Stalins Schriften gelesen hat, darf sich nicht für einen Kommunisten halten."
Allerdings ist stark zu bezweifeln, dass er selbst auch nur die Hälfte dieser vierzehn Bände gelesen hat. Jedenfalls hat er in seinen eigenen Schriften nie auf sie verwiesen.
Um es vorsichtig auszudrücken, schwankte Ernesto Guevara zur Zeit seiner zweiten Reise durch Lateinamerika noch zwischen mehreren Weltanschauungen – der seines Herkunftslandes, dem Peronismus, dessen Gegensatz, dem Antiperonismus, und einem radikal-stalinistischen Kommunismus, dem

 er sich mit dem Eifer eines frisch Bekehrten in die Arme warf. Seine Zweifel waren von ganz anderer Art: Er konnte sich nur schwer zwischen dem Kampf und den Reisen entscheiden, wie er seiner Mutter im November 1954 schrieb:

„Früher oder später werde ich in die Partei eintreten ... Was mich im Augenblick daran hindert, ist der wahnsinnige Wunsch, durch Europa zu reisen.“[1]

Seine kommunistischen Sympathien waren damals weder systematisch noch linientreu. Sie sollten es nie ganz werden.

Kontroverse zwischen Guerilleros und der städtischen Widerstandsgruppe von der Bewegung des 26. Juli

Die ersten Debatten um den Kommunismus fanden in der Sierra Maestra statt. Während Fidel Castro dem amerikanischen Fernsehen in schlechtem Englisch verkündete: „We are not communist“, rieb Che seine Überzeugungen im Herbst René Ramos Latour, einem Führer der städtischen Widerstandsgruppen vom 26. Juli (Deckname „Daniel“), unter die Nase. Ohne die geringste Einschränkung bekannte er:

„Ich gehöre aufgrund meines ideologischen Hintergrunds zu denen, die daran glauben, daß die Lösung für die Probleme der Welt hinter dem sogenannten Eisernen Vorhang zu finden ist.“[2]

In seiner Antwort an Che Guevara, der von Fidel Castro zum „Kommandanten“ der Zweiten Kolonne der Guerilla-Armee ernannt worden war, erwiderte „Daniel“ genauso offen:

„Es interessiert mich nicht im mindesten, wo Du mich einordnest, und ich werde auch gar nicht erst darauf hinarbeiten, dass Du Deine Meinung über uns änderst ... Dies ist nicht der geeignete Zeitpunkt, um ‚die Mittel zur Erlösung der Welt‘ zu

[1] Diese privaten Briefe hat sein Vater Ernesto Guevara Lynch in dem Buch Aqui va un soldado de América, op. cit. veröffentlicht. Viele dieser Briefe sind in verschiedenen französischen Übersetzungen ignoriert oder fortgelassen worden. Gleiches gilt für etliche Biografien.

[2] Zitiert in: Jon Lee Anderson, Che – die Biographie, op. cit., S. 684.

erörtern ... diejenigen, die deinen ideologischen Hintergrund teilen, glauben, wir könnten uns von unseren Übeln befreien, wenn wir uns aus der verderblichen Vorherrschaft der Yankees befreien und dafür der nicht minder verderblichen sowjetischen Vorherrschaft unterwerfen."[1]

Die städtische Widerstandsgruppe der Bewegung des 26. Juli, die absolut antikommunistisch und demokratisch war, hegte ein tiefes Misstrauen gegen die Ideologie der Kämpfer in der Sierra und gegen den Hang ihres Oberbefehlshabers zum Caudillismo, das heißt in diesem Zusammenhang, zu diktatorischen Tendenzen. Ohne Fidel Castro zu erwähnen, erklärte „Daniel" nicht minder deutlich, dass er nicht nur den Kommunismus ablehne, sondern auch „eine Gruppe um einen Caudillo, der zwar die besten Absichten hat, aber letztlich weder ein erkennbares Programm noch eine klare Lehre".[2]

„Daniel" kam später („heldenhaft", wie Che schrieb) an der Spitze einer Rebellengruppe in der Sierra ums Leben, weil er beweisen wollte, dass er nicht nur dem städtischen Untergrund angehörte, sondern auch ein Kämpfer war. Frank País, oberster Chef der Stadtfraktion der Bewegung des 26. Juli, der wenig Sympathien für die Kommunisten hatte, war zuvor in Santiago de Cuba bei einer bewaffneten Auseinandersetzung mit Batistas Männern gefallen. Leute, die ideologische Schwierigkeiten machten oder die diktatorischen Tendenzen des Oberbefehlshabers kritisierten, in die vordersten Linien zu schicken, war ein probates Mittel, sich ihrer zu entledigen, wird behauptet.

Guevara hatte den Auftrag, sich anstelle von Castro um die Polemik zu kümmern, während dieser sich gegenüber seinen Anhängern und den Amerikanern als große Integrationsfigur aufspielen konnte. Seine „ideologische Schulung" ließ allerdings zu wünschen übrig. Häufig geriet er mit den kommunistischen Führern der Sozialistischen Volkspartei (Partido

[1] Ibid., S. 685.

[2] Zitiert bei Carlos Franqui, Journal de la révolution cubaine, Paris, Sueil, 1976, S. 230.

 Socialista Popular, PSP) aneinander, die über die marxistische Theorie ungleich besser unterrichtet waren und ihn für einen Utopisten hielten. Auch er kritisierte wiederholt die „Altkommunisten", nicht aus ideologischen Gründen, sondern weil sie sich weigerten, an Fidel Castros Guerillakrieg gegen Batista teilzunehmen. Sie hätten die Pflicht, sagte er, mit den Waffen die Gültigkeit ihrer Theorien unter Beweis zu stellen. An ihrem Mut müsse man sie gemessen.

Tatsächlich war Che zum marxistischen Theoretiker der Kämpfer in der Sierra Maestra ernannt worden. Das erlaubte Castro, sich gegenüber den kommunistischen Führern zu profilieren, denen er wegen ihrer langen Kollaboration mit Batista und ihrer Ablehnung des bewaffneten Kampfes misstraute.

Der argentinische Guerillero präsentierte sich überall als unerbittlicher Doktrinär, besonders gegenüber den Mitgliedern der städtischen Widerstandsgruppe vom 26. Juli, die er für ideologische Wirrköpfe hielt, weil sie sich als Nichtkommunisten politische Kritik an Fidel Castro erlaubten, der nach Ches Auffassung ein „authentischer Führer der linken Bourgeoisie" war. Diese Haltung wurde durch hemmungslose Lobhudeleien auf seinen Mentor ergänzt, der, so Guevara, „persönliche Eigenschaften von außergewöhnlicher Intelligenz besitzt, die ihn weit über seine Klasse erheben".[1] Trotz Zweifel, Bruch und Verrat hielt Che eisern an seiner Loyalität fest. Castro konnte ihn nach Belieben benutzen, wobei er Ches unbezähmbaren Abenteurerdrang freien Lauf ließ, unter der Voraussetzung, dass dieser seiner, Castros, politischer Linie und Macht keinen dauerhaften Schaden zufügte.

Marxist, bevor Castro es war

Guevara hatte genauso unklare theoretische Vorstellungen wie Castro. Die Ideologie diente ihm später vor allem dazu,

[1] Carlos Franqui, Journal de la révolution cubaineˆ, op. cit., S. 285.

das Bündnis mit der Sowjetunion zu rechtfertigen, die von vielen als Verrat an den ursprünglichen Zielen der Revolution angesehen wurde.

Er versuchte, seine Theorie an seiner Praxis auszurichten – in Umkehrung des Leninwortes: „Ohne revolutionäre Theorie kann es auch keine revolutionäre Bewegung [Praxis] geben." Ihm war vor allem an der Radikalisierung des einmal begonnenen Prozesses gelegen. In dem üppigen theoretischen Angebot der sechziger Jahre fand er genügend Doktrinen, die ihm zusagten.

Che Guevara hatte den marxistischen Charakter der kubanischen Revolution vor aller Welt definiert, einerseits aus Überzeugung und andererseits als Herausforderung an die Adresse der Vereinigten Staaten, die darin den Anlass zum Bruch mit dem Castrismus sah. Es geschah 1960 in einem Text mit dem Titel „Notizen für das Studium der Ideologie der kubanischen Revolution":

„Es ist eine Revolution, in denen einige Beobachter einen Bruch mit orthodoxen Aspekten der revolutionären Bewegung sahen."[1]

In dem Bemühen, die Insel in den kommunistischen Block einzugliedern, musste er gewaltige Verrenkungen unternehmen, um den Castrismus in eine umfassendere Bewegung einzubetten.

Zu diesem Zeitpunkt galt die Position nur für Guevara selbst. Als der Text erschien, gehörte Kuba noch nicht zum sowjetischen Lager. Zwar verschärfte sich die Konfrontation mit den Vereinigten Staaten, doch hatte Castro sich noch nicht endgültig zum Bündnis mit der UdSSR entschlossen.

Guevaras Schriften und Reden wurden damals noch von Castro geprüft, der, wenn nötig, unliebsame Passagen herausstrich. Che war nämlich ein Doktrinär mit wenig politischem Gespür. Castro dagegen konnte seine Reaktionen dosieren und mit dem Bekenntnis seiner Überzeugungen abwarten, bis ihm die

[1] Ernesto Che Guevara, Obra revolucionaria, op. cit., S. 507.

 Zeit reif zu sein schien. Guevaras Text war nur ein Versuchsballon, der eine Annäherung an den Sowjetblock, aber noch keine endgültige Festlegung bringen sollte.

Die „Notizen für das Studium der Ideologie der kubanischen Revolution" sollten zeigen, dass Kuba angesichts der wirtschaftlichen Aggressionen des „amerikanischen Imperialismus" keine andere Wahl hatte, als sich dem sozialistischen Lager anzuschließen. Die Verstaatlichung der amerikanischen Unternehmen und der ausländischen Erdölraffinerien wurde nur als angemessene Reaktion auf diese Angriffe gewertet, die noch nicht zum Abbruch der diplomatischen Beziehungen und der Invasion in der Schweinebucht geführt hatten.

Guevaras Auffassungen in diesem Punkt sind kaum als orthodox zu bezeichnen. Er wollte zeigen, dass die Revolutionsführer, ohne Kommunisten zu sein, anfangs sozusagen empirisch den vom Marxismus bestimmten Gesetzmäßigkeiten folgten. Che nahm für sich einen Marxismus in Anspruch, der gewissermaßen „natürlich"[1], durch Urzeugung, entstanden sein sollte.

Vollzog sich die kommunistische Entwicklung des Regimes unter dem Einfluss von Che und von Raúl Castro, der mit Sicherheit zur kommunistischen Jugend der Sozialistischen Volkspartei (PSP) gehört hatte? Gewiss nicht. Fidel Castro ließ sich die Entscheidung über die Richtung seiner Politik von niemandem aus der Hand nehmen. Trotzdem hatte Guevara die Illusion, die Theorie und Praxis der kubanischen Revolution dauerhaft beeinflussen zu können.

Seit seiner Begegnung mit Castro in Mexiko hatte Guevara jemanden, den er bewundern und dem er dienen konnte - nicht mehr Stalin, sondern einem sehr lebendigen Führer.

„Benigno" berichtet von einem Dialog zwischen Che und Castro, dessen Zeuge er wurde, als er 1960, während der Verstaatlichung der ausländischen Ölraffinerien Guevaras Begleitschutz befehligte:

„Che erklärte Fidel, dass eine bestimmte ausländische Raffinerie

[1] Ibid., S. 508.

seiner Meinung nach nicht sogleich verstaatlicht werden sollte. Er glaubte, ihre Techniker würden ins Exil gehen, und wir hätten keine Leute, die sie ersetzen könnten. Fidel hörte geduldig zu. Als Che mit seinen Erläuterungen fertig war, sagte er einfach: „Die Raffinerie wird morgen verstaatlicht. Du kümmerst dich darum." Che führte die Anweisung Fidels aus, als wäre er ein untergeordneter Offizier. Er stellte Fidels Befehle nie in Frage."[1]

Fidel Castro wartete bis April 1961, dem Vortag der Invasion in der Schweinebucht, um die kubanische Revolution für „sozialistisch" zu erklären.[2] Die offizielle Bekanntgabe kam von ihm, nicht von einem seiner Stellvertreter. Im Dezember 1961 behauptete Castro wider besseres Wissen:

„Ich bin seit jeher Marxist-Leninist und werde es bis ans Ende meiner Tage bleiben."[3]

Für das eigene Geschichtsbild musste er die Priorität in Sachen theoretischem Durchblick gegenüber dem argentinischen Revolutionär und seinem eigenen Bruder Raúl verteidigen.

Das hinderte Che jedoch nicht daran, bei verschiedenen Gelegenheiten den stalinistischen Einfluss auf die fortan vom Máximo Lider verkündete Doktrin für sich in Anspruch zu nehmen. So teilte er der französischen Presse mit:

„Jede Revolution enthält unvermeidlich ein stalinistisches Element."[4] In wenigen Jahren entwickelte sich Guevara vom bedingungslosen Anhänger der kommunistischen Lehre zum erbitterten Kritiker des real existierenden Sozialismus, der sich nicht mit seinen radikalen Auffassungen vertrug. 1965, nach einer Rede in Algier, in der er offen die Politik der „friedlichen Koexistenz" kritisiert hatte, wurde er für die Sowjetunion zu einem der Gegner, die es auszuschalten galt – nicht nur aufgrund der verbalen Angriffe, sondern auch wegen der Guerilla-Kampagnen in verschiedenen Operationsgebieten wie dem Kongo oder Bolivien.

[1] Interview mit dem Autor.
[2] Fidel Castro, La Revolutcíon cubana 1953-1962, Mexiko, Era, 1972, S. 328.
[3] Ibid., S. 439.
[4] France Observateur, 18. Mai 1961.

3

Die Intellektuellen: schuldig

Die Schuld vieler unserer Intellektuellen und Künstler erwächst aus ihrer Erbsünde: sie sind keine echten Revolutionäre.

Für alle, die in ihm den archetypischen Repräsentanten eines „revolutionären Humanismus“ sehen wollten, war Che zugleich Arzt und Guerillero, Volkswirtschaftler und sozialistischer Theoretiker, „Künstler des Krieges“ und „Dichter“, Staatsmann und Rebell. Er ist der vollkommene Mensch, die Verkörperung des Renaissanceideals mitten im 20. Jahrhundert.

Einige Monate nach Ches Tod in Bolivien schrieb Jean-Paul Sartre über ihn: „ Ich halte dafür, dass dieser Mann nicht nur ein Intellektueller, sondern der vollkommenste Mensch unserer Zeit war. Er war der Kämpfer, der Theoretiker, der aus seinem Kampf, aus dem Kriegsgeschehen selbst, aus seiner Erfahrung, die Theorie zu gewinnen vermochte, um diesen Kampf in die Praxis zu übersetzen.“[1]

Allerdings beruhte Sartres Bewunderung für Guevara nicht auf Gegenseitigkeit. Annie Cohen-Solal, eine Biografin des Philosophen, berichtet, Sartre sei ihm wegen seiner „ewig überlegenen und pedantischen Haltung“ gegen den Strich gegangen.[2]

[1] Bohemia, Havanna, 22. Dezember 1967.

[2] Annie Cohen-Solal, Sartre, Reinbek, Rowohlt, 1988, S. 608.

Sartre hatte Che Guevara auf einer Kubareise kennen gelernt, die er 1960 mit Simone de Beauvoir unternommen hatte. Beide zeigten sich am 5. März an seiner Seite, als Fidel Castro eine Versammlung einberief, um die Explosion des französischen Frachtschiffs La Coubre zu verurteilen, das randvoll mit belgischen Waffen beladen war. War die Explosion, bei der zahlreiche Hafenarbeiter ums Leben kamen, ein Unfall oder Sabotage? Castro ließ keinen Zweifel daran aufkommen, dass er es für ein Attentat der Vereinigten Staaten hielt, konnte allerdings nie einen Beweis dafür erbringen.

Bei dieser Versammlung ist auf der Rednertribüne das Foto aufgenommen worden, das später zum Markenzeichen und Symbol des Rebellen werden sollte. Tatsächlich handelt es sich um einen Schnappschuss, auf dem alle anderen Personen an seiner Seite wegretuschiert worden sind.

Es gibt keine unmittelbaren Zeugen für die Gespräche zwischen Guevara und seinen Gästen. Der Dolmetscher des Philosophenpaares, der später ins Pariser Exil gegangene Schriftsteller Juan Arcocha bestätigte es bei seinem Bericht über Sartres Kuba-Aufenthalt:

„Ich habe immer bedauert, dass ich ihn nicht begleiten konnte, als er Che Guevara besuchte, denn der sprach zu meinem Pech französisch.“[1]

Die Verwendung des Französischen bestätigte Claude Julien, Sonderberichterstatter des Monde, der sich 1960, zur selben Zeit wie Sartre und Beauvoir, in Kuba befand: „‘Che‘ Guevara spricht ein einwandfreies Französisch“,[2] schrieb er.

Das sehr korrekte Französisch, das Guevara von seiner Mutter Celia de la Serna gelernt hatte, und nicht in einer Alliance française oder auf einem französischem Gymnasium wie viele

[1] Juan Arcocha, „Le voyage de Sartre“, in: Jacobo Machover (Hg.), La Havane 1952-1961, d'un dictateur à l'autre: explosion des sens et morale révolutionnaire, Paris, Autrement, 1994, S. 201.

[2] Claude Julien, „Cuba ou la ferveur contagieuse“, Le Monde, 22. März 1960.

Söhne aus guter Familie in Argentinien, trug wesentlich zu seinem Ansehen bei ausländischen Besuchern bei, waren diese doch überwiegend Intellektuelle und revolutionäre Aktivisten aus Frankreich. So erwarb Guevara den Ruf eines internationalen Kämpfers, der aber als Intellektueller den Waffengebrauch ablehne, was keineswegs der Fall war.

Die Legende, die sich um Che rankte, war in erster Linie eine französische Schöpfung, die sich nach und nach auch international durchsetzte. Für seine Gesprächspartner war die Versuchung groß, einen Polyglotten aus ihm zu machen - noch eine Eigenschaft, die sie ihm neben denen des Arztes, des Nationalökonomen, des Redners, des Staatsmannes zuschreiben konnten. So ließ sich das Erscheinungsbild des ungehobelten Guerilleros relativieren, der in kurzer Zeit zu einer Stütze der neuen Macht geworden war.

Um allen Fragen nach dem Verhalten und den Fähigkeiten von Guevara zuvorzukommen, der zu diesem Zeitpunkt Präsident der Nationalbank war, berichtete Claude Julien von der „Bestürzung“ einer seiner Gesprächspartner:

„Ich kann gut verstehen, dass ein amerikanischer Geschäftsmann mit glatt rasiertem Gesicht und korrektem grauen Anzug mir seine Bestürzung über diesen nachlässig gekleideten Bankier mit dem offenen Lächeln und intelligenten Augen gestand.“

Julien lässt aber auch einen ungenannten „französischen Freund“ zu Worte kommen, der Guevara über den grünen Klee lobte:

„Verstehen Sie, er ist ein Robin Hood, er nimmt es den Reichen und gibt es den Armen...“

Auf die Frage nach den Fähigkeiten des argentinischen Guerilleros antwortete derselbe „Freund“:

„Ich habe miterlebt, wie alle möglichen Geschäftsleute bei ihm vorsprachen, überzeugt davon, ihn mit ihren Schlichen und Tricks über den Tisch ziehen zu können. Nach einem beinharten Gespräch mit einem Mann, der seine Akten kannte und die kubanischen Interessen mit großer Sachkenntnis verteidigte,

sind sie mit hängenden Ohren hinausgeschlichen."
Anschließend ließ der Sonderkorrespondent von Le Monde durchblicken, dass Che tatsächlich all die Eigenschaften besaß, die ihm dieser Gesprächspartner zuschrieb. Seine volkswirtschaftlichen Kenntnisse wurden, obwohl sehr jung und im Zuge der neuen Tätigkeit erworben, keineswegs in Zweifel gezogen.
Das Porträt des Journalisten Yves Guilbert fiel allerdings nicht ganz so schmeichelhaft aus:
„Dieser Guevara mit seinem schütteren Bart und dem dichten langen Haar ist ein recht merkwürdiger Bankier. In der olivgrünen Uniform der Rebellenarmee, dem mit einem Stern verzierten Barett und derben Schuhen oder Springerstiefeln erscheint er um drei Uhr nachmittags in seinem luxuriösen Büro, um es erst um sechs Uhr früh wieder zu verlassen. An seiner Tür wacht ein bärtiger Guerillero mit umgehängter Maschinenpistole. Die Luger, die Guevara bei sich trägt, legt er auf dem Schreibtisch ab; diese Vorliebe für Revolver ist allen kubanischen Revolutionären gemeinsam."[1]
Nicht diese Beschreibung hat die Nachwelt in ihrem Gedächtnis bewahrt, sondern die sehr viel schmeichelhafteren von Claude Julien, Jean-Paul Sartre oder Simone de Beauvoir. Yves Guilberts Buch wurde von all denen, die sich ihr Bild vom Che als dem romantischen Helden einer anarchistischen Revolution nicht nehmen lassen wollten, einfach ignoriert.

Panik unter den kubanischen Intellektuellen

Die Intellektuellen in aller Welt, die Che so vorbehaltlos priesen, hier und da schon zu Lebzeiten, vor allem aber posthum, wussten vielleicht nicht (oder waren nicht daran interessiert), dass Che Guevaras Beziehungen zu ihresgleichen in Kuba nicht gerade von gegenseitiger Wertschätzung bestimmt waren.

[1] Yves Guilbert, La Poudrière cubaine. Castro L'infidèle, Paris, Table ronde, 1961, S. 141.

Seine Äußerungen zu diesem Thema, die er im März 1965 in seiner theoretischen Hauptschrift „Der Sozialismus und der Mensch auf Kuba" veröffentlichte, haben unter ihnen sogar eine gewisse Panik ausgelöst:

„Die Schuld vieler unserer Intellektuellen und Künstler erwächst aus ihrer Erbsünde: sie sind keine echten Revolutionäre."[1]

Viele jener Intellektuellen und Künstler gerieten in eine buchstäblich kafkaeske Situation – wie Joseph K. in dem Prozess. Der Anfang eines solchen Prozesses wurde ihnen bereits 1961 gemacht, nachdem der Kurzfilm P.M. über das Nachtleben von Havanna ohne einen Hinweis auf die Revolution gedreht worden war. Andere Angriffe folgten, vor allem 1965, gegen die jungen Schriftsteller der Zeitschrift El Puente, und 1971, mit der „Affäre Padilla", als der Dichter Heberto Padilla zu einer erniedrigenden öffentlichen Selbstkritik gezwungen wurde. In allen diesen Fällen waren die Opfer schon vor der Verhandlung verurteilt.

Im Juni 1961 hatte Fidel Castro in seinen „Worten an die Intellektuellen" sein eisernes Prinzip formuliert: „Innerhalb der Revolution alles, gegen die Revolution, nichts!"[2] Immerhin unterschied er dort noch zwischen Form und Inhalt, indem er formalen Experimenten freie Hand ließ, solange sie nicht von der sozialistischen Lehre abwichen und keine Kritik am Regime und vor allem an ihm übten. Eine ähnliche Auffassung vertrat Che in seiner eigenen Schrift. Er dachte nicht daran, den „sozialistischen Realismus" zu verteidigen, der selbst in der Sowjetunion überholt war. Er verurteilte ihn sogar unmissverständlich als „erstarrte Form".[3] Trotz dieses Zugeständnisses schloss er sich Castros Auffassung an und kritisierte die moderne und zeitgenössische Kunst als „dekadente Kunst des 20. Jahrhunderts, in der sich die Angst des entfremdeten Menschen äußert".[4] Seine Worte stellten

[1] http://www.glasnost.de/hist/apo/che5.html.

[2] Fidel Castro, La Revolutcíon cubana 1953-1962, op. cit., S. 363.

[3] Ernesto Che Guevara, Obra revolucionaria, op. cit., S. 635-636.

[4] Ibid.

eine unmissverständliche Warnung an alle Abweichler dar. Er kündigte die Maßnahmen an, die das Regime zu ergreifen gedachte, und ließ keinen Zweifel daran, wer die inneren Feinde waren.

„Augenblicklich machte sich unter den Intellektuellen, die sich politisch nicht hinreichend engagiert hatten, Panik breit", berichtet der Dichter Pio E. Serrano, der heute im Madrider Exil lebt, nachdem er vier Jahre lang in Arbeitslagern Zuckerrohr schneiden musste. „Die meisten von ihnen mussten sich den revolutionären Normen unterwerfen und dem Regime Abbitte leisten. Seither war auch Gleichgültigkeit nicht mehr gestattet."[1]

Trotzdem wollten die meisten seiner Exegeten in seinen Schriften lediglich den heterodoxen Charakter seines Denkens erkennen. Che hat sich in der Tat gehütet, in seinen Texten und Reden nur eine Interpretationsmöglichkeit offen zu lassen: Ein gewisser Humanismus wog immer die intoleranten und radikalen Äußerungen auf.

Diese Mehrdeutigkeit hat die Intellektuellen stets zu einer milden Beurteilung bewogen. Als Sartre und Simone de Beauvoir – und mit ihnen andere europäische und lateinamerikanische Intellektuelle - 1971 wegen der „Affäre Padilla" mit Castros Regime brachen, taten sie es im Namen der „Grundsätze", die von „dem Staatspräsidenten, dem Kommandanten Che Guevara und vielen anderen Revolutionsführern verkündet wurden".[2]

So verliehen sie den „Grundsätzen" einen gewissen antistalinistischen Charakter, der Verurteilung der rebellischen

[1] Interview mit dem Autor, Madrid, Dezember 2006. In einem Text mit dem Titel „Havanna war ein Fest" schrieb Pio E. Serrano: „Guevaras moralische Autorität, im Nachhinein durch seinen Tod in Bolivien unterstrichen, entwaffnete den zaghaften Widerstand der schöpferischen Elite und führte zur Entstehung einer neuen intellektuellen Schicht, die sich, von ihrer Schuld bedrückt, frohgemut in den glücklichen Wassern der Revolution von ihren Sünden reinwusch." (Juan Arcocha, „Le voyage de Sartre", in: Jacobo Machover (Hg.), La Havane 1952-1961, d'un dictateur à l'autre: explosion des sens et morale révolutionnaire, op. cit., S. 210-231.)

[2] Le Monde, 9. April 1971.

 Intellektuellen erlaubt, dabei aber gleichzeitig die Illusion einer gewissen Meinungsfreiheit vermittelt hatte, zumindest in der Form und „im Inneren der Revolution". So wurde Che Guevara als ein kritisches Gewissen gegen die vom Castro-Regime veranlasste Unterdrückung der Intellektuellen hingestellt - was den Tatsachen ganz und gar nicht entsprach.
Doch wie konnten diese Parolen und dieses Bild eine solche Zustimmung bei den kubanischen Intellektuellen finden, von denen doch etliche die Verfolgungen des Castrismus erdulden mussten? Betrachten wir die folgenden beflissenen Verse: „Vorwärts, glühender Verkünder der Morgenröte/ auf den entlegenen Wegen ohne Elektrizität,/ den grünen Kaiman zu befreien,/ den du so liebst."[1] Wie konnte ihr Verfasser jemals als Gipfel, als Verkörperung der Dichtkunst gelten?
Der kubanische Schriftsteller Miguel Barnet, der sich als Homosexueller heftigsten Angriffen ausgesetzt sah, bevor er ein wichtiges Sprachrohr des Castro-Regimes wurde und es sogar zum Unesco-Botschafter in Paris brachte, rang sich die folgenden Zeilen ab:

„Nicht dass es mir in den Sinn käme,
die Feder mit der Pistole zu vertauschen,
aber der Dichter bist du."[2]

Der Sänger Pablo Milanés, einer der Sänger der Nueva Trova, der neuen Musikrichtung unter Castro, aus den gleichen Gründen geächtet und sogar in den Militärischen Einheiten zur Unterstützung der Produktion (UMAP) interniert, jenen Lagern für Homosexuelle und andere „ideologische Abweichler", die Mitte der sechziger Jahre im Inneren der Insel angelegt wurden, vertonte diese Verse, indem er sie leicht abwandelte:

[1] Ernesto Che Guevara, „Canto a Fidel", Mexico, 1956.
[2] Miguel Barnet, Che, Havanna, 1967.

Wenn du der Dichter bist,
wie kann ich dich dann besingen,
Kommandant?“[1]

So hatten diese Intellektuellen am Ende dichterische Talente an dem argentinischen Revolutionär entdeckt, der ihnen allerdings nicht über den Weg traute. Zu seinen Lebzeiten verbreitete er eine Mischung aus Achtung und Furcht. Nach seinem Tod wurden sein Name und sein Bild heiliggesprochen. Es fragt sich allerdings, ob all jene, die Che Guevaras Urteilssprüche auf der Höhe seiner Macht in Kuba fürchten mussten, in die Loblieder nach seinem Tod nicht eine Spur Ironie einfließen ließen. Es sei denn, sie gehören in den Kontext jener „Doppelmoral“, die das gesamte kubanische Volk, Intellektuelle wie gewöhnliche Sterbliche, dazu veranlasste, genau das Gegenteil dessen zu sagen, was es wirklich dachte. Nicht zum ersten Mal in der Geschichte der kommunistischen Länder sahen sich die Opfer gezwungen, ein Loblied auf ihre Henker anzustimmen.
Im kollektiven Gedächtnis blieb allerdings ein kleiner Refrain des alten Barden Carlos Puebla, des offiziellen Propagandisten der Revolution, der 1965, als Che Kuba verließ, schrieb:[2]

Aqui se queda la clara,
la entrañable transparencia
de tu querida presencia
Commandante Che Guevara.
(Hier bleibt die erhellende
und ewige Klarheit
deiner so teuren Gegenwart,
Kommandant Che Guevara).

[1] Pablo Milanés, Si el poeta eres tú, La Havane, 1967.
[2] Carlos Puebla, Hasta siempre, Commandante, Havanna, 1965.

Das Lied ist um die Welt gegangen und wurde von unzähligen Künstlern interpretiert. Es ist ebenso sehr eine Ode an Fidel Castro („Y con Fidel te decimos: ‚Hasta siempre, Comandante.'" – „Mit Fidel sagen wir dir: ‚Auf ewig, Kommandant.'") wie an Che Guevara, klingt aber wie eine unausweichliche Vorahnung, ein verfrühter Trauergesang.

Aufforderung an die Dichter

Um sein Prinzip der „freiwilligen Arbeit" zu rechtfertigen, das er vom Stachanowismus der stalinistischen Lehre übernommen hatte, berief sich Guevara in einer seiner Reden, die er im August 1964 im Industrieministerium hielt, sogar auf die Verse eines republikanischen spanischen Dichters, León Felipe, der bis zu seinem Tod im mexikanischen Exil lebte:

„Aber der Mensch ist ein fleißiges und dummes Kind, das die Arbeit in einen Tag voller Schweiß verwandelt, das aus dem Trommelstock eine Hacke gemacht hat und das, statt auf seiner Erde einen fröhlichen Gesang anzustimmen, sich abmüht, sie umzugraben."

León Felipe war nicht gerade ein Vorbild an ideologischer Orthodoxie, denn seine Ausrichtung war eher anarchistisch als kommunistisch. Ihm ging es darum, den Kult der Arbeit anzuprangern, der allen Systemen, kommunistischen wie kapitalistischen, eigen ist.

Guevara zitierte diese Verse auch nur, um aus der Ferne gegen den spanischen Dichter zu polemisieren, dem er entgegenhielt:

„Das ist genau die Haltung, die die Besiegten in einer anderen Welt, einer Welt, die wir bereits hinter uns gelassen haben, gegenüber der Arbeit einnehmen."

In der Tat vertrat León Felipe eine ganz andere Einstellung zur Arbeit als sie die kubanischen Revolutionsführer mit ihrer „freiwilligen Arbeit" propagierten: Dazu wurden „rote Sonntage" eingeführt, an denen Tausende von Funktionären und

Geistesarbeitern ihre Schreibtische, ihre Freizeitvergnügungen oder ihr Familienleben im Stich lassen mussten, um Zuckerrohr zu schneiden, Zementsäcke zu verladen oder Betonblöcke zu schleppen. Die Kubaner bezeichneten diese Art von Arbeit als volongatorio, ein wunderbarer Neologismus, um den „obligatorischen" (obligatorio) Charakter der sogenannten „freiwilligen" (volontario) Arbeit zu charakterisieren.

Guevara wollte Neues aus Altem machen. Die Ideale des Stachanowismus und des „neuen Menschen" sollten mit einer gewissen poetischen Aura umgeben werden. Daher begab er sich nicht auf den Boden der reinen marxistischen Theorie, sondern auf eine andere Ebene – eine universalistische, auf der auch dichterische Aufschwünge möglich waren. Trotz der harschen Kritik lud Guevara den spanischen Exilanten ein - so wie es Fidel Castro mit zahlreichen ausländischen Intellektuellen tat -, um sich an Ort und Stelle von der Geburt „einer neuen Einstellung zur Arbeit" zu überzeugen:

„Wir könnten diesem großen Dichter in seiner Verzweiflung nur raten, nach Kuba zu kommen."

Gesagt, getan. Im Dezember 1964 schrieb er dem Dichter, den er „Meister" nannte:

„Unlängst habe ich an einer Versammlung teilgenommen, die von großer Bedeutung für mich war. Der Saal war voller begeisterter Arbeiter, und es lag das Klima des neuen Menschen in der Luft. Der gescheiterte Dichter, den ich in Resten noch in mir trage, kam zu Vorschein und hielt sich an Sie, um aus der Ferne gegen Sie zu polemisieren. Das war eine Form der Huldigung; ich bitte Sie, das so zu verstehen".

„Wenn Sie diese Herausforderung reizt, gilt die Einladung."[1]

Wie Castro versuchte er, Intellektuelle zu gewinnen, indem er sie einlud, einige Zeit kostenlos auf der Insel zu verbringen oder dort sogar unter privilegierten Bedingungen zu leben. So machte er es mit Jugendfreunden wie dem Argentinier Alberto Granado oder dem Guatemalteken „El Patojo", Journalisten

[1] Ernesto Che Guevara, Obra revolucionaria, op. cit., S. 659.

wie dem Argentinier Jorge Ricardo Masetti, Schriftstellern wie dem Haitianer René Depestre oder Wirtschaftswissenschaftlern wie dem Franzosen Charles Bettelheim. Er vermittelte ihnen den Eindruck, sie könnten einen gewissen Einfluss auf die Machthaber der Insel ausüben.

Guevaras Angebot war lediglich eine selbstherrliche Geste.

Der Dichter im Exil, der schon fast achtzig war, ging nur zur Hälfte auf das Spiel ein. Er begab sich nicht nach Kuba, verfasste aber später, kurz vor seinem Tod, ein Gedicht zum Ruhme Ches, seines „großen Freundes" – dem er nie begegnet war – nach dessen Tod in Bolivien. In der Einleitung schrieb er: „Du warst stets ein apostolischer und evangelischer Condottieri und zugleich ein athletisches und starkes Kind. Du konntest einen Salto mortale ausführen und wieder auf derselben Stelle landen. Heute bist du wieder auf dieser Stelle gelandet."[1]

Dieser Briefwechsel mit einem alten, im Exil lebenden Dichter aus Spanien könnte den trügerischen Eindruck erwecken, er sei in der Lage gewesen, mit Dichtern einen poetischen Dialog von gleich zu gleich zu führen, der über die üblichen politischen Klischees hinausgegangen wäre. Gewissermaßen ein zweiter Arthur Rimbaud,[2] Abenteurer wie dieser, aber darüber hinaus noch im Kampf gefallen.

Ein anderer Dichter, einer der größten seiner Zeit, den Guevara dank seiner Machtposition auf Kuba begrüßen konnte, billigte ihm gleichfalls, wenn auch mit Vorbehalten, diese Dimension zu: Pablo Neruda. Für den chilenischen Nobelpreisträger war Che ein Mann, „der der Dichtkunst neben seinen Waffen immer einen Platz einräumte". Allerdings zeugt der Bericht, den Neruda von einer Unterhaltung mit Guevara lieferte, nicht unbedingt von tiefer Bewunderung.

Guevara sagte: „Der Krieg... der Krieg... Wir sind immer gegen

[1] León Felipe, „El gran relincho", Mexiko, 1967.

[2] In seiner Biografie - Che, Ernesto Guevara, une légende du siècle, op. cit. – nennt Pierre Kalfon das Kapitel, das sich auf den Guerillakrieg in Bolivien bezieht, dann auch „Une saison en enfer" und spielt damit auf eine berühmte Gedichtsammlung von Rimbaud an.

den Krieg, aber wenn wir einmal Krieg geführt haben, können wir nicht mehr ohne Krieg leben. Wir wollen alle Augenblicke zu ihm zurückkehren." Der chilenische Dichter, militanter Kommunist orthodoxer Prägung, der einst, wie seine kubanischen Genossen, öffentlich die erste Batista-Regierung unterstützt hatte, sah das ganz anders: „Für mich war der Krieg eine Bedrohnis und kein Schicksal."[1] Guevaras Dialog mit Neruda über den Krieg bekam, wie der Ferndialog mit León Felipe, augenblicklich eine etwas gespannte Note.

Der ausgewiesene Beatnik

Der einzige Schriftsteller, der es wagte, sich auf Kuba öffentlich über die Person lustig zu machen, die praktisch schon zu Lebzeiten unantastbar geworden war, war der Beatpoet Allen Ginsberg – Amerikaner, Jude, Homosexueller und Buddhist. Im Januar 1965, bei seinem nur wenige Tage währenden Besuch in Havanna, wo er der Jury des Literaturpreises Casa de las Américas angehören sollte, der angesehensten Auszeichnung des Revolutionsregimes, beging er die ungeheuerliche Taktlosigkeit zu erklären, dass er, sollte er Castro begegnen, worauf er keinen besonderen Wert lege, ihn auffordern werde, mit den Erschießungen aufzuhören. Dem ließ er gleich die nächste Majestätsbeleidigung folgen: „Meine schlimmste Äußerung war", wie er später erklärte, „die Behauptung, ich hätte gerüchteweise gehört, Raúl Castro sei schwul. Und meine zweitschlimmste, ich fände Che Guevara süß."

Der Architekt David Bigelman hatte Ginsbergs langes Gedicht Howl für die Literaturzeitschrift El Puente ins Spanische übersetzt. Die Übersetzung konnte nie erscheinen, weil die Zeitschrift verboten und mehrere ihrer Redakteure inhaftiert wurden. Bigelmann über Ginsberg: „Das war jemand, der Freiheit

[1] Pablo Neruda, Ich bekenne, ich habe gelebt, Darmstadt, Luchterhand, 1974, S. 427.

atmete in einem Land, das vollkommen eingeschnürt war. Was mich angeht, so bat ich Ginsberg nach einem Treffen in seinem Hotel Riviera in Havanna, bei dem wir die Übersetzung durchgesehen hatten, mich bis zum Ausgang zu begleiten, weil alle Leute, die ihn während seines Aufenthaltes besucht hatten, verhaftet worden waren. Sobald er sich umgedreht hatte, zerrten mich zwei Männer in ein Fahrzeug und brachten mich auf ein Polizeirevier. Wir galten alle als enfermitos, arme Kranke, weil wir einen derart ikonoklastischen Dichter besuchten."[1]
Nach drei Tagen wurde Allen Ginsberg aus Kuba ausgewiesen und in einem Flugzeug in die Tschechoslowakei geschafft. Die langen Haare und der Bart reichten offenbar nicht für ein Gefühl der Gleichgestimmtheit zwischen ihm und Guevara aus, obwohl beide als Rebellen galten. Zur Entlastung Ches sei erwähnt, dass er sich zu diesem Zeitpunkt nicht auf Kuba, sondern in Afrika befand. Trotzdem war er über die respektlosen Unterstellungen Ginsbergs informiert worden, der sicherlich nicht den von ihm erträumten „neuen Menschen" repräsentierte. In einem Land, in dem seit 1961 eine Hexenjagd auf Homosexuelle inszeniert wurde, konnten keine Anspielungen auf die sexuelle Orientierung ehemaliger Guerilleros geduldet werden.
Theoretisch befürworteten Guevara und die anderen Revolutionsführer die Rebellion, duldeten sie aber keinesfalls, wenn sie gegen sie gerichtet war. Ginsbergs Gastgeber, die jungen Dichter im Umfeld der Zeitschrift El Puente, unter ihnen José Mario,[2] der im Madrider Exil starb, wurden später größtenteils in Arbeitslager oder Gefängnisse gesteckt. Die revolutionären Machthaber waren nicht gewillt, sich Respektlosigkeiten bieten zu lassen.

[1] Interview mit dem Autor, Paris, November 2006.
[2] Vgl. José Mario, „Allen Ginsberg en La Habana", in: Mundo Nuevo, Paris, April 1960, S. 48-54. Unterhaltung mit dem Autor, Madrid, Juni 1999.

4

Der „neue Mensch“ und die „freiwilligen“ Arbeitslager

Die Jugend: formbarer Ton.

Che Guevara hatte davon geträumt, viele Facetten zu entwickeln: Er wollte Armenarzt, Gelegenheitsdichter, siegreicher Guerillero, sozialistischer Theoretiker sein. Er hatte keine Facette ganz verwirklicht, aber alle ein wenig ausprobiert.
Als es darum ging, den „neuen Menschen“ zu schaffen, hat er nicht nur die Unterdrückung der Intellektuellen theoretisch gerechtfertigt, sondern auch all derer, die in seinen Augen keine „echten Revolutionäre“ waren.

Das erste Arbeitslager

Seit 1960 versuchte Guevara, seine Vorstellung von der Besserung der Unbelehrbaren in die Tat umzusetzen, das heißt, der Elemente, denen es nicht gelang, sich in das System einzuordnen. Dazu schuf er eine Art „Schule“ für Menschen, die „Fehler“ begangen und sich zu einem „freiwilligen“ Aufenthalt bereit erklärt hatten, um ihr Fehlverhalten wiedergutzumachen.[1]
Zu diesem Ort, der ganz im Westen in der Provinz Pinar del Rio auf der Halbinsel Guanahacabibes lag – also ideal, um

[1] Segundo Cazalis, Cuba ahora, Caracas, Isla Sola, 1966, S. 63.

alle Menschen wegzusperren, die die Ideologie der Revolution ablehnten, sagte Guevara:

„Nach Guanahacabibes schicken wir nur die Zweifelsfälle, bei denen wir uns nicht sicher sind, dass sie ins Gefängnis gehören. Ich glaube, dass die Menschen, die man ins Gefängnis stecken müsste, sowieso dort landen. Nach Guanahacabibes kommen Leute, die nicht ins Gefängnis müssen, Leute, die mehr oder minder schwere Vergehen gegen die revolutionäre Moral begangen haben. Gleichzeitig werden andere Sanktionen verhängt, etwa der Verlust ihres Arbeitsplatzes. In anderen Fällen sind es weitere Maßnahmen: beispielsweise die Umerziehung durch Arbeit. Es handelt sich um harte Arbeit, aber keine Zwangsarbeit. Die Arbeitsbedingungen sind streng, aber nicht brutal.“[1]

Die Gefährdung der „revolutionären Moral“ konnte also zu „Verbrechen“ erklärt werden. Che Guevara glaubte, dass Arbeit auf alle Menschen läuternd wirke - auf diejenigen mit einer amoralischen Einstellung, aber auch auf die anderen, die dadurch auf eine höhere Entwicklungsstufe gehoben würden. Die „freiwillige Arbeit“ war also der erste jener „moralischen Anreize“, die Guevara zur Grundlage seiner ökonomischen Theorie machte.

Das war das erste Arbeitslager, der erste tropische Gulag,[2] in dem - seit 1965 unter dem Oberbegriff UMAP (Militärische Einheiten zur Unterstützung der Produktion) – „ideologische Abweichler“ aller Art eingesperrt wurden: Homosexuelle, Katholiken, Zeugen Jehovas, Anhänger der Santaria (der afrokubanischen Religion), Beatles-Fans und andere Randgruppen, die von der revolutionären Polizei im Zuge umfang-

[1] Zitiert bei: Àlvaro Vargas Llosa, „The killing machine“, in: The Republic, New York, 2005, und El Pais, Madrid, 31. Juli 2005. In einem Artikel mit dem Titel „Diez anécdotas sobre el Che“, veröffentlicht auf der Website des Guerillero, der Tageszeitung der Kommunistischen Partei der Provinz Pinar del Rio, zitiert Daima Cardoso Valdés den Che mit folgenden Worten: „Guanahacabibes ist für Revolutionäre, die geirrt haben; für Diebe gibt es das Gefängnis.“

[2] Vgl. Enrique Ros, Las UMAP: el Gulag castrista, Miami, Universal, 2004.

reicher Razzien im nächtlichen Havanna aufgegriffen wurden. Später erhielten diese Lager andere Bezeichnungen.
Guevaras Schriften hatten nicht nur theoretische Bedeutung. Sie waren keine folgenlosen Hirngespinste, sondern hatten unmittelbare praktische Auswirkungen. Und umgekehrt: Die neuen Experimente, die sich an den Vorbildern der Sowjetunion und Chinas ausrichteten, sollten auf Kuba durch Schriften von vagem, messianischem Charakter, die kaum eine Diskussion zuließen, eine theoretische Dimension erhalten.

„Ein konterrevolutionärer Witz“

Che hatte wenig Sinn für Scherze, die seinen Lehren galten. So wandte er sich in einer Rede vom März 1963 heftig gegen jene Witze – bis heute ein echter Nationalsport der Kubaner –, die seiner „freiwilligen Arbeit“ und den charakterlichen Voraussetzungen für einen Parteieintritt galten. Einer von ihnen verärgerte ihn besonders. Bei einer Rede vor Arbeitern gab er ihn folgendermaßen wieder:
„Es ging um einen Mann, der in die Partei eintreten wollte und dem die Mitglieder seiner Ortsgruppe sagten, er müsse Überstunden machen, ein Beispiel für andere sein, seine Freizeit nutzen, um sich zu bilden, alle Sonntage der freiwilligen Arbeit opfern, überhaupt jeden Tag freiwillig arbeiten, alles ablegen, was im Entferntesten an Eitelkeit erinnere, und seine ganze Zeit der Arbeit und der Teilnahme an den Aktivitäten der bestehenden Massenorganisationen widmen. Schließlich erklärten sie ihm noch: ‚Außerdem musst du als Parteimitglied stets bereit sein, dein Leben für die Revolution hinzugeben. Bist du dazu bereit?‘ Woraufhin der Mann antwortete: ‚Wisst ihr, wenn ich das Leben führen muss, das ihr mir geschildert habt, was soll es mir dann? Ich gebe es mit Vergnügen hin.‘“
Der Argentinier fand wenig Gefallen an diesem Wesenszug der Kubaner, dem Choteo, der Fähigkeit, über alles und jeden zu lachen und sich lustig zu machen – eine Eigenschaft aller

Völker, die lange unter Diktaturen zu leiden hatten. Im Geist der „Opferbereitschaft“, die er für sich in Anspruch nahm, wandte er sich erbost gegen die Respektlosigkeit:
„Eine alte Vorstellung äußert sich in diesem Witz, von dem ich nicht weiß, ob er konterrevolutionär oder revolutionär ist, von dem ich aber weiß, dass sein Inhalt zutiefst konterrevolutionär ist. Warum? Eben weil ein Arbeiter der Avantgarde, ein Mitglied der führenden Partei der Revolution, alle als Opfer geltenden Arbeiten mit einem neuen Interesse wahrnimmt, als Teil seiner Pflicht, einer Pflicht, die ihm nicht aufgezwungen wird, sondern ihm eine innere Notwendigkeit ist, der er sich bereitwillig fügt.“[1]
Letztlich strebte er mit der Schaffung des „neuen Menschen“ die Eingliederung, die Militarisierung der Arbeit an. Das Heldentum des Kampfes sollte in den Alltag Einzug halten, in alle Schichten der Gesellschaft, vor allem in die Jugend. Sie hielt er für den „formbaren Ton, aus dem wir den neuen Menschen schaffen können, den Menschen, der befreit ist von allen Makeln der Vergangenheit.“[2]
Che war weit davon entfernt, über sich oder seine Ideen lachen zu können. Im Gegensatz zu Camilo Cienfuegos, dessen Lächeln die gesamte kubanische Gesellschaft bezauberte, oder auch Fidel Castro selbst, der mit seinem patriarchischen Auftreten als Bonvivant die meisten seiner Gesprächspartner für sich einzunehmen wusste, ließ Che selten ein Anzeichen von Fröhlichkeit erkennen. Er wollte sich nicht auf den Lorbeeren des Kriegers ausruhen, ganz im Gegenteil. Dieses Ausruhen war einer der „Makel der Vergangenheit“, nur der fortwährende Kampf war des „neuen Menschen“ würdig, dessen Verkörperung er sein wollte.

[1] Ernesto Che Guevara, Obra revolucionaria, op. cit., S. 400-412.
[2] Ernesto Che Guevara, Ibid., S. 636-637.

„Die Führer der Revolution haben Kinder, die bei ihren ersten Sprechversuchen ihren Namen und ihre Väter nicht kennenlernen, Frauen, die auch dem Sieg der Revolution geopfert werden“,[1] schrieb Guevara in seinem Text Mensch und Sozialismus auf Kuba.

Ches Frauen wurden in der Tat einer höheren Aufgabe geopfert, die sich der argentinische Rebell selbst gestellt hatte. Sie durften ihn nicht an der Erfüllung seines Schicksals hindern.[2]

Nachhaltig geprägt von seiner Mutter Celia de la Serna, einer Frau aus großbürgerlicher Familie, die etwas bohemehaft und antikonformistisch war, und von seinen Tanten, mit denen er regelmäßig korrespondierte, ist sein Liebesleben recht bewegt gewesen.

Nachdem er die Amouren seiner Jugend vergessen hatte, mussten seine beiden Ehefrauen natürlich auch dem Lager der Revolution angehören.

Die erste, Hilda Gadea, die seine Muse im Reich des Marxismus gewesen war, folgte ihm nach Kuba, als die Revolution gesiegt hatte. Aber sie traf einen veränderten Menschen an. Che war nicht mehr der ziellose Abenteurer, den sie einst gekannt hatte. Jetzt war er ein mächtiger Mann, der geachtet und gefürchtet wurde – auch von ihr. Vor allem aber hatte er eine andere Frau, Aleida March, eine Aktivistin der Bewegung des 26. Juli, die seit der Schlacht von Santa Clara an seiner Seite war. Im Dezember 1958 hatte er im Verlauf dieser Kampfhandlungen den entscheidenden Sieg über Batistas Truppen errungen und dabei einen hochmodernen Panzerzug erobert, der als uneinnehmbar galt und nachhaltig zu seiner Legende beigetragen hatte.

Unverzüglich verlangte Ernesto Guevara die Scheidung und

[1] Ernesto Che Guevara, Ibid., S. 638.

[2] Vgl. hierzu Zoe Valdés, „Le Che et les femmes“, L'Événement du jeudi, 24.-30. Juli 1997, S. 12.

 setzte sie durch, allerdings nach gewaltigen Ehekrächen, die rasch publik wurden. Aleida, seine zweite Frau, war sehr viel fügsamer als die Peruanerin. Sie war eine seiner Kampfgefährtinnen. Auf Kuba war Che sorgsam bemüht, mit seiner etwas unsteten Vergangenheit zu brechen. Damals schlossen viele siegreiche Guerilleros mit ihren einstigen Waffengefährtinnen „romantische" Ehen vor den Objektiven von Pressefotografen und Fernsehleuten. Das galt besonders für die Hochzeit von Raúl Castro und Vilma Espin, die danach fast fünfzig Jahre lang die Föderation Kubanischer Frauen leitete, jene Massenorganisation, die die kubanische Spielart der Frauenbewegung in den ausschließlichen Dienst der Revolution und ihres Liders stellte. Dennoch gab es Verbindungen zur Entwicklung des Feminismus in anderen Teilen der Welt, vor allem in den Vereinigten Staaten und Europa.

Der „neue Mensch (oder Mann)", der langsam in seinen Gedanken Gestalt annahm, brauchte eine neue Frau. Aleida schenkte Guevara zwischen 1959 und 1965 vier Kinder: Aleidita, Camilo, Celia und Ernesto.

Hilda Gadea musste sich mit der Rolle der Ex-Partnerin zufriedengeben. Trotzdem schrieb sie ein Buch über ihre gemeinsamen Jahre mit Che, in dem sie zu Recht ihren entscheidenden Einfluss auf die ideologische Entwicklung des Guerilleros hervorhob.[1] Aleida March dagegen war die stumme Hüterin seiner Erinnerungen. Sie half ihm bei der Abschrift seines Bolivianischen Tagebuchs, indem sie die fast unleserliche Handschrift ihres Gatten entzifferte, fühlte sich aber zu einer Zurückhaltung verpflichtet, die sie nur selten aufgab.

Im Gegenzug für ihr Schweigen und ihre Loyalität genoss sie eine privilegierte Stellung in der kubanischen Nomenklatura. Sie war nicht die einzige. Die meisten Witwen der im bolivianischen Guerillakrieg getöteten Kämpfer bewohnen geräumige Villen in Nuevo Vedado, einem Nobelviertel von Havanna, in dem nur hohe Würdenträger des Regimes residieren – weit ab

[1] Hilda Gadea, Che Guevara, les année décisives, Paris, Nr. 1, 1977.

von dem Mangel, der den Rest der kubanischen Bevölkerung drückt.
Che dachte allerdings nicht daran, solche Privilegien für seine Familie zu beanspruchen. In seinem Abschiedsbrief an Fidel Castro schrieb er:
„Ich hinterlasse meinen Kindern und meiner Frau keine materiellen Güter, und ich bedaure es nicht ... Ich verlange nichts für sie, denn der Staat wird ihnen geben, was sie zum Leben und für ihre Erziehung brauchen."
An seine fünf Kinder richtete er einen sehr kurzen Brief, den sie nur im Falle seines Todes öffnen sollten. Er war gespickt mit gut gemeinten väterlichen Ratschlägen:
„Werdet gute Revolutionäre! Lernt fleißig, damit ihr die Technik beherrscht, dank der wir die Natur beherrschen. Das Wichtigste ist die Revolution: als einzelner bedeutet man nichts."[1]
Sie haben ein Erbe angetreten, das nicht leicht zu tragen ist. Seit frühester Kindheit wurden sie überall herumgeführt, um die Orte zu besichtigen, an denen ihr Vater seine Spuren hinterlassen hat. Stets waren sie dabei von Führern und Leibwächtern umgeben, die den Auftrag hatten, ihnen die Religion des „neuen Menschen" einzuimpfen, die alle jungen Kubaner mit auf den Weg bekommen. An den Jahrestagen von Guevaras Tod werden einige von ihnen beauftragt, die frohe Botschaft ins Ausland zu tragen, um die Erinnerung an den „heroischen Guerillero" wachzuhalten. Dabei werden sie von einem Überlebenden des bolivianischen Guerillakampfes und Mitgliedern des Parteiapparates begleitet. Sie sind Nachkommen mit leeren Gesten und Worten, auf die bedingungslose Verehrung eines Vaters eingeschworen, den sie praktisch nicht gekannt haben und der sich nicht um sie gekümmert hat.
Trotzdem können sie sich glücklich schätzen, zu seiner offiziellen Familie zu gehören, und seinen Namen zu tragen, der gleichbedeutend mit Privilegien ist. Dieses Glück ist nicht allen zuteil geworden. Beispielsweise gibt es einen Mann

[1] Ernesto Che Guevara, Obra revolucionaria, op. cit., S. 662.

namens Omar Pérez, Jahrgang 1964, Schriftsteller und Kritiker des Castro-Regimes, der jedem, der es hören will, erklärt, auch er sei ein Sohn von Che. Wie Fidel Castros zahlreiche Kinder – von denen nur ein einziger, Fidelito, seinen Familiennamen trägt – hat er die Vorrechte genossen, die den Sprösslingen der höchsten Repräsentanten des Staates vorbehalten sind, etwa dasjenige, im Ausland, in seinem Fall in Italien, zu studieren. Auf Kuba, einer kleinen, spärlichen bevölkerten Insel lässt sich wenig verheimlichen. Trotzdem kennt niemand den Namen seiner Mutter. Che Guevaras Privatleben ist tabu. Gleiches gilt für Fidel Castro: Seine einzige wirkliche Liebe kann nur die Revolution sein.

Allerdings spielte eine andere Frau eine wichtige Rolle in Che Guevaras Leben: Tamara Bunke, „Tania la Guérillera". Die deutschstämmige Argentinierin hatte sich dem Guerillakampf in Bolivien angeschlossen. Als die Gruppe der Kämpfer sich teilte, befand sich Tania in der Abteilung von Joaquin, Ches Stellvertreter, die sich im Dschungel verirrte. Statt sich in ländlichere und weniger gefährliche Gebiete zurückzuziehen, versuchte Che, unter Gefahr für das Leben seiner Kämpfer, fast einen Monat lang, die Verbindung mit der anderen Abteilung herzustellen, die im September 1967 in einen Hinterhalt geriet. Fast alle ihre Mitglieder wurden von bolivianischen Rangern getötet. Unter den Toten war auch Tania. Guevara hat nie eine Beziehung mit ihr erwähnt. Aber sie war eine Kampfgefährtin, ihm in gewisser Weise gleichgestellt, anders als die anderen, die einfach Weggefährtinnen waren.

Diese überließ Che der Pflicht, die Kinder großzuziehen, und opferte sie dem „Sieg der Revolution", während er in den Krieg zog. Der Verhaltenskodex der Föderation Kubanischer Frauen (FMC) war in diesem Punkt unmissverständlich: Jede Frau hat ihre Kinder „nach Ches Beispiel zu erziehen".[1]

Das Bild, das von Guevara vermittelt wird, ist das eines Man-

[1] Zitiert bei: Pierre Rigoulot, Coucher de soleil sur La Havane, La Cuba de Castro 1959-2007, Paris, Flammarion, 2007, S . 121 .

nes, der durchaus zu Zärtlichkeit fähig war, vor allem gegenüber seiner zahllosen Nachkommenschaft. Schließlich hatte er ihnen doch in einer Art spirituellem Testament ans Herz gelegt: „Bleibt vor allem immer fähig, alles Unrecht, das irgendwo auf der Welt irgendjemandem angetan wird, in tiefstem Herzen zu empfinden.“[1]

Ches Kinder hatten nicht das Glück, ihren Vater bei sich zu haben, während sie heranwuchsen. Dafür hatten sie das Recht auf eine posthume Indoktrination. Sie sind nicht die einzigen. Kubas Kinder müssen ihren Stolz auf dieses Vorbild an väterlicher „Aufopferung“ bekunden und jeden Morgen an ihn denken, wenn sie, in ihre Uniformen gekleidet, die Hand an der Stirn, die Fahne grüßen und rufen: „Wir Pioniere des Kommunismus werden sein wie Che!“

[1] Ernesto Che Guevara, Obra revolucionaria, op. cit., S. 662.

5

Mit „Che“ unterzeichnete Geldscheine

Ist hier ein Ökonomist/ein Kommunist im Saal?

Als Ernesto Guevara noch zu den Mächtigen in Kuba gehörte, wurde er hartnäckig von einer Anekdote verfolgt, die er aber auch selber amüsiert zum Besten gab.

Eines Tages wurde eine Versammlung abgehalten, um den Ökonom („Ökonomisten“) Felipe Pazos, den Leiter der kubanischen Nationalbank, zu ersetzen. Dieser hatte entscheidend an dem zivilen Widerstand gegen das Batista-Regime mitgewirkt, aber nicht die kommunistische Ausrichtung des Regimes gutgeheißen. Fidel Castro fragte: „Ist ein Ökonomist im Saal?“ Che hob die Hand. Augenblicklich sah er sich zum Präsidenten der Organisation ernannt. Kurz darauf erzählte er: „Ich hatte verstanden, Fidel hätte gefragt: ‚Ist ein Kommunist im Saal?‘“

Che Guevaras Berufung an die Spitze der kubanischen Nationalbank war alles andere als selbstverständlich. Seine Kenntnis des „Wertgesetzes“ war recht lückenhaft. Im Übrigen ließ nichts darauf schließen, dass er das Kapital von Marx gelesen oder sich für die wirtschaftlichen Reformdebatten interessiert hätte, die in der Ära Chruschtschow, einige Jahre nach den Enthüllungen über Stalins Verbrechen auf dem 20. Parteikongress der KPdSU, die kommunistische Welt in Atem hielten. Seine Ernennung stieß verschiedentlich auf Ablehnung: bei denen, die noch glaubten, der Castrismus werde nicht den marxistisch-leninistischen Weg einschlagen, aber auch bei

den „Altkommunisten" der Sozialistischen Volkspartei. Che beabsichtigte vor allem, die Gesetze des Guerillakriegs auf die Wirtschaft anzuwenden.
Von seinem Wechsel an die Spitze einer solchen Organisation bleibt vor allem ein folkloristisches Bild: die Unterschrift Che auf den Banknoten neben den Bildern aus der Revolution (dem Einzug der Truppen in Havanna oder dem Porträt von Camilo Cienfuegos) und den Helden der Befreiungskriege gegen die Spanier (José Marti, Antonio Maceo, Mâximo Gômez). Heute stehen die Geldscheine, die das Siegel des argentinischen Revolutionärs tragen, bei Sammlern hoch im Kurs, doch damals sah das anders aus. Der kubanische Peso, der anfänglich einem amerikanischen Dollar entsprach, war einige Zeit später nur noch Spielgeld ohne Wert auf dem Weltmarkt.

Die „moralischen Anreize"

Ernesto Guevara war mit einer felsenfesten Überzeugung aus der Sierra Maestra herabgestiegen: dass die Bodenreform die Grundlage der künftigen Revolution sei und dass das, was in den zwei Jahren des Kampfes gegen die Diktatur Batista erreicht wurde, nur ein Vorgeschmack sei. Das Gesetz wurde am 17. Mai 1959 verkündet. Es verbot den Besitz von landwirtschaftlichen Betrieben mit mehr als vierhundert Hektar. Die konfiszierten Ländereien wurden in Genossenschaften umgewandelt.
Die Bodenreform verstärkte die Konfrontation mit dem einheimischen Bürgertum und, vor allem, den Vereinigten Staaten. Die Amerikaner konnten die Enteignung zahlreicher ihrer Kontrolle unterstehender Zuckerzentralen nicht hinnehmen. Guevara verstand seine aufeinander folgenden Ernennungen – am 7. Oktober 1959 zum Leiter der Industrieabteilung des kubanischen Instituts für Agrarreform (INRA), am 10. Dezember 1959 zum Präsidenten der Nationalbank und am 24. Januar 1961 schließlich zum Industrieminister – nicht als

Herausforderung zur wirtschaftlichen Umgestaltung des Landes, sondern als neuen Kampfauftrag. Der Konflikt war der Gleiche, nur die Mittel hatten sich verändert.
Trotzdem war nicht daran zu denken, dass die Arbeiter ihre elementarsten Rechte in Anspruch nahmen oder die Errungenschaften verteidigten, die sie nach harten Kämpfen dank ihrer Gewerkschaften erworben hatten. Diese waren fortan an nur noch willenlose Werkzeuge der neuen Macht. Im Oktober 1961 erklärte Che ohne Umschweife:
„Die kubanischen Arbeiter müssen sich nach und nach an ein kollektives System gewöhnen. Unter keinen Umständen haben Arbeiter das Recht zu streiken."
So festgelegt wie die Vorstellung vom Kampf war auch Ches Auffassung von der Rolle des Zuckerrohrs, dem traditionellen und unentbehrlichen Stützpfeiler der kubanischen Wirtschaft, als Monokultur und Abhängigkeitsfaktor. Diversifizierung und Industrialisierung – mit aller Macht vorangetrieben – sollten Kubas neue Kraftquellen werden. Das war die erste Fehlentscheidung, die alle Bereiche stark in Mitleidenschaft zog. Die zweite war seine anfängliche Begeisterung für die „uneigennützige Hilfe, die Kuba von den Bruderstaaten angeboten wurde", das heißt, vollständig überalterte, schlüsselfertige Industrieanlagen ohne Ersatzteile in einem Land, dessen industrielle Infrastruktur fast zur Gänze aus den Vereinigten Staaten stammte. Im Oktober 1964 gestand er das übrigens selbst in einem Artikel der Zeitschrift International Affairs ein:
„Unser erster Fehler war die Art und Weise, wie wir die Diversifikation durchführten. Statt schrittweise vorzugehen, haben wir zu viel auf einmal versucht. Die Anbauflächen für Rohrzucker wurden eingeschränkt und das derart gewonnene Land für andere Kulturen genutzt. Doch das führte zu einem Rückgang der landwirtschaftlichen Erträge insgesamt ... Erst später wurde uns klar, dass in vielen dieser Fabriken die Produktivität, gemessen an internationalen Standards, unzureichend war und diese Ersetzung der Importe nur ein sehr geringes Gesamtergebnis erzielte, mussten doch die erforderlichen

Rohstoffe eingeführt werden."[1]
Allerdings ist darauf hinzuweisen, dass alle Entscheidungen, in diesem Bereich wie in allen anderen, von Castro selbst, und nur von ihm allein, getroffen wurden und dass die Verantwortung seiner Mitstreiter entsprechend begrenzt war.
Wie konnte ein Mann, dessen wirtschaftliche Unfähigkeit so offenkundig war, als führender Theoretiker der sozialistischen Ökonomie gelten? Ein sehr dürftiger Theoretiker, gemessen an den Debatten, die die internationale kommunistische Bewegung erregten – in der UdSSR der Chruschtschow-Ära ebenso wie in China.
Trotzdem lud Guevara international angesehene Wirtschaftswissenschaftler nach Kuba ein, um mit ihnen zu streiten – etwa den Franzosen Charles Bettelheim, der der maoistischen Theorie nahestand, aber keineswegs als weltfremder Träumer galt. In dieser Kontroverse wurde Guevara von Ernest Mandel, dem trotzkistischen Führer der Vierten Internationalen, gegen die Kommunisten der Sozialistischen Volkspartei unterstützt, zu denen auch Carlos Rafael Rodriguez gehörte. Lange bevor er Mitglied der castristischen Regierung wurde, war er während Batistas erster demokratischer Amtszeit von 1940 bis 1944 Minister gewesen. Zu ihm unterhielt der argentinische Revolutionär äußerst gespannte Beziehungen,

[1] Zitiert bei: Herbert L. Matthews, Fidel Castro, Paris, Seuil, 1970, S. 153-154. Der Autor, historischer Sympathisant des Castrismus, hat den Máximo 1957 als erster in der Sierra Maestra interviewt. Zur Wirtschaftspolitik von Che merkt er an: „Diese Fehler sind so elementar, dass es verwundert, sie von erwachsenen und gebildeten Männern begangen zu sehen, mögen sie wirtschaftlich auch noch so unerfahren gewesen sein." Er macht kein Hehl aus der Ambivalenz seiner Gefühle für Che, dem er oft begegnet ist, S. 306-307: „Er war (ein völlig ungeeigneter) Präsident der Nationalbank von Kuba ... Schon zu Lebzeiten war er eine Legende – nicht ganz wirklich, nicht mit beiden Beinen fest auf der Erde, aber durch und durch menschlich. Vielleicht erklärt das, warum man sich in seiner Gegenwart so unbehaglich fühlte. Seine Ideen waren, an normalen und pragmatischen Kriterien gemessen, falsch, unrealistisch oder sogar veraltet. Für die tatsächlich existierende Gesellschaft erwiesen sie sich als verheerend." Fidel Castro selbst gestand Matthew gegenüber im Industrialisierungsprogramm „nur kleinere Fehler hier und da" ein.

da Rodriguez sich erst sehr spät, Ende 1958, zur Unterstützung des Guerillakampfes durchgerungen hatte und sehr viel gemäßigtere und realistische wirtschaftliche Positionen als Castro vertrat. Rodriguez war ein brillanter Theoretiker, pragmatisch und kultiviert. Wie die Sowjets hielt er Che Guevara für einen Abenteurer.

Guevaras Ziel war die kurzfristige Schaffung einer von „materiellen Anreizen" und dem Wertgesetz befreite kommunistische Gesellschaft. Zu diesem Zweck predigte er den Wert der „moralischen Anreize", das heißt, bestimmter Belohnungen für die Arbeiter der Avantgarde - Diplome, Wimpel, öffentliches Lob in Arbeiterversammlungen. Er scheute sich nicht, sich an einem der für die „freiwillige Arbeit" vorgesehenen „roten Sonntage" mit nacktem Oberkörper im Fernsehen zu zeigen, wie er mit einer Schubkarre hantierte oder einen Traktor fuhr. Er wollte sich voll und ganz einsetzen und beweisen, dass er nicht hinter seinem Schreibtisch hocken blieb.

Auf Kuba war allerdings die Zeit des Kampfes vorbei, dort ging es um den Aufbau des Sozialismus und die Einrichtung einer Bürokratie, in der der argentinische Revolutionär keinen Platz mehr fand. Und in den Augenblicken, die für die Zukunft der Revolution am gefährlichsten waren – 1961, bei der Invasion in der Schweinebucht, bei der er sich aus Versehen mit der eigenen Waffe verletzte, und 1962, bei der Raketenkrise -, musste er sich mit einer marginalen Rolle zufrieden geben. Solange der Nuklearkrieg drohte, wurde ihm ein nebensächliches Kommando in einer Höhle der westlichen Provinz Pinar del Rio zugewiesen, wo er die Abwehr eines Angriffs organisieren sollte, der nie stattfand. Wie es seinem Naturell entsprach, unterstützte er die radikalen Positionen von Fidel Castro, der Nikita Chruschtschow drängte, einen nuklearen „Präventivschlag" gegen die Vereinigten Staaten zu führen. Che unterstrich seinerseits in einem Interview mit der britischen Tageszeitung Daily Worker, dass die Kubaner die Raketen, wären sie unter ihrer Kontrolle gewesen, gezündet hätten.[1]

[1] Vgl. Jon Lee Anderson, Che – die Biographie, op. cit., S. 469.

Die sozialistischen Länder – Komplizen des Imperialismus

Ernesto Che Guevara hielt es nicht an seinem Platz. Damit er wieder seiner Neigung frönen und sich als fahrender Ritter betätigen konnte, als „kleiner Condottiere des 20. Jahrhunderts“[1] (wie er sich selbst nannte), schickte Fidel Castro ihn aus, die Sache der kubanischen Revolution in der ganzen Welt zu verteidigen. So machte er Guevara zu einem fliegenden Botschafter statt zum Außenminister. Seine Ausstrahlung im olivgrünen Kampfanzug war weit romantischer als die von Raùl Roa, einem „Altkommunisten“, der lange Zeit taktiert hatte, bevor er zum Sprachrohr des Castrismus avancierte, vor allem bei den Vereinten Nationen.

Fast sechs Jahre lang war Che vorwiegend damit beschäftigt, die Dritte Welt und die sozialistischen Länder zu bereisen. Im Jahr 1960, zu einem Zeitpunkt, als die kubanische Revolution noch nicht offiziell sozialistisch war, kehrte er von einer Rundreise zunächst im Ostblock, dann in China und Nordkorea mit großer Begeisterung zurück. Voller Selbstironie hatte er sich am 31. Dezember 1960 im Fernsehen mit „Alice im Wunderland“ verglichen. Er sei verblüfft gewesen über den „hohen Entwicklungsstand“ der Ostblockländer, über die „Begeisterung“ und „Solidarität“ ihrer Repräsentanten. Am nordkoreanischen System lobte er dessen „außerordentlichen Führer, wie etwa Marschall Kim Il Sung“. Bei den wachsenden Spannungen zwischen Sowjets und Chinesen sah er ein Detail, das für die Chinesen sprach: Dort, wo erstere in ihren Verlautbarungen über die Zusammenarbeit mit Kuba stereotyp von der „uneigennützigen Hilfe der Sowjetunion“ sprachen, weigerte sich China – genauer: ihr Ministerpräsident Tschou En-lai -, diese Hilfe als „uneigennützig“ bezeichnen, weil die Unterstützung der castristischen Revolution, „der Avantgarde im Kampf gegen den Imperialismus“, durchaus im „Interesse aller sozialistischer Länder“ läge.

[1] Ernesto Che Guevara, Le Socialisme et l 'homme, op. cit., S. 113-114

Bei seinen Verhandlungen hatte sich Che auch mit einer gewissen Verlegenheit bemüht, Bedürfnisse zu relativieren, auf die das kubanische Volk großen Wert legte, etwa die Notwendigkeit elementarer Hygienemaßnahmen, was seine Gesprächspartner nicht zu verstehen schienen:

„Wir mussten dort über Probleme sprechen, die wir wirklich als beschämend empfanden. Als wir beispielsweise auf den Wunsch des kubanischen Volkes zu sprechen kamen, Rohstoffe für die Herstellung von Deodorants zu erhalten, haben sie uns in diesen Ländern nicht verstanden. Das sind Länder, die ihre gesamte Produktion dem Allgemeinwohl des Volkes unterordnen ... Schließlich kann man Seife und solche Dinge nicht essen; wir müssen zunächst einmal die Ernährung der Menschen sichern.“[1]

Rasierklingen, Deodorants, Seife – sie alle wurden von Guevara zu überflüssigen Gütern erklärt! Und das in einem tropischen Land, wo die Gerüche eines Menschen ein Persönlichkeitsmerkmal von fundamentaler Bedeutung sind! Für das kubanische Volk war das eine unverzeihliche Ketzerei des argentinischen Revolutionärs.

Jedenfalls herrschte damals noch eitel Sonnenschein in der besten aller sozialistischen Welten. Guevara machte kein Hehl aus seinen kommunistischen Neigungen, zu denen er sich auch in der Vergangenheit schon genügsam bekannt hatte.

Einige Zeit später verblasste seine ursprüngliche Begeisterung und machte – seit Castro in der Raketenkrise von 1962 von seinen Verbündeten im Stich gelassen worden war - herber Kritik Platz. Einer der größten Fürsprecher des Bündnisses zwischen Kuba und den sozialistischen Ländern wandelte sich zum entschiedenen Gegner der Allianz. Die von der UdSSR ausgerufene „friedliche Koexistenz“ vertrug sich nicht mit Ches Forderung nach der permanenten Revolution in der Dritten Welt. Auch entsprachen die von ihm befürworteten „moralischen Anreize“ kaum den Wirtschaftsreformen, die in

[1] Ernesto Che Guevara, Obra revolucionaria, op. cit., S. 319-331.

den COMECON-Ländern, dem gemeinsamen Markt des Ostblocks, durchgeführt wurden. In dieser Gemeinschaft wurde Kuba zum Hauptlieferanten für Zucker und erhielt im Austausch dafür mehr oder weniger veraltete Maschinen, mehr oder weniger passende Ersatzteile und Berater aller Art – Militärs oder einfache Techniker.

Unter dem Einfluss der „Altkommunisten" schlug Castro einen orthodoxen und pragmatischen – also realistischen – Kurs ein. Er wusste, dass Kuba ohne die Hilfe der Sowjetunion und der Ostblockländer, egal, ob „uneigennützig" oder „eigennützig", wirtschaftlich nicht überleben konnte.

Trotzdem hatte Che freie Hand, seine militärischen Abenteuer zu inszenieren, vor allem den Guerillakrieg in Argentinien durch seinen Freund, den Journalisten Jorge Ricardo Masetti, der bei diesem Abenteuer ums Leben kam. Mehr und mehr verlor Che das Interesse an seinen Aufgaben als Industrieminister und knüpfte stattdessen lieber Verbindungen zu den revolutionären Ländern der Dritten Welt, vor allem zu den blockfreien Staaten – Nassers Ägypten und Ben Bellas Algerien.

Im chinesisch-sowjetischen Konflikt schien er Partei für die Chinesen zu ergreifen, allerdings ohne es deutlich auszusprechen. Auf einer seiner Weltreisen, die er Ende 1964, Anfang 1965 unternahm, als er auf der innenpolitischen Bühne Kubas praktisch nicht mehr präsent war, traf er sich aus eigenem Antrieb, ohne Fidel Castros Zustimmung, mit Präsident Mao Tse-tung. Die kubanische Presse erwähnte diese Reise mit kaum einem Wort und schwieg sich über das Treffen mit dem „Großen Steuermann" gänzlich aus. Dieser stürzte sich schon bald in die „große proletarische Kulturrevolution", die mit Guevaras Theorie und Praxis so verwandt war.[1]

Der Bruch wurde mit der Rede vollzogen, die Che am 27. Februar 1965 in Algier hielt. Er wählte das Seminar für afro-asiatische Solidarität, an dem er nur als Beobachter teil-

[1] Enrique Ros, Ernesto Che Guevara – mito y realidad, op. cit., S. 229-232.

nahm, um die UdSSR und ihre Satellitenstaaten schonungslos zu attackieren:

„Die Entwicklung der Länder, die jetzt den Weg der Befreiung einschlagen, muss von den sozialistischen Ländern unterstützt werden. Wir sagen dies ohne jegliche erpresserische Absicht oder Effekthascherei ... Die sozialistischen Länder haben die moralische Verpflichtung, ihre stillschweigende Komplizenschaft mit den Ausbeuterländern des Westens aufzukündigen.“[1]

Er hatte zwar vorsichtshalber erklärt, er wolle keinen Druck ausüben, doch die Sowjets sahen das anders. Einige Tage später erhielt Fidel Castro einen Brief von Nikita Chruschtschow, der ihm vom sowjetischen Botschafter in Havanna überreicht und in dem er aufgefordert wurde, den sprachlichen Entgleisungen seines Waffengefährten augenblicklich ein Ende zu setzen.

Am 14. März 1965 kehrte Guevara nach Havanna zurück. Am Flughafen wurde er von Castro und Osvaldo Dorticós, dem Präsidenten der Republik, empfangen. Das war der letzte öffentliche Auftritt des argentinischen Guerilleros auf Kuba. Kaum war Guevara dem Flugzeug entstiegen, wurde ihm im Verlauf eines zweiundvierzigstündigen Treffens, abgeschirmt von den Kommandanten Ramiro Valdés und Juan Almeida, die Notwendigkeit klar gemacht, auf alle Funktionen zu verzichten und zu neuen Kämpfen aufzubrechen, egal wo, nur außerhalb Kubas. Die beste Möglichkeit, die sich im Augenblick bot, war der Kongo.

Che hatte seine Kompetenzen bewusst überschritten und seine Macht überschätzt. Dabei waren ihm schwerwiegende Fehler unterlaufen: Zunächst einmal hatte er die „Altkommunisten“ vor den Kopf gestoßen, die immer noch Einfluss auf die revolutionäre Führung Kubas hatten. Vor den Vereinten Nationen hatte er öffentlich die Hinrichtungen entschuldigt. Er hatte sich heimlich mit Mao Tse-tung getroffen und schließ-

[1] http://kpp.aksios.de/klassiker/che/co0005.htm#1text

lich höchst unvorsichtig die Sowjetunion und deren Verbündete angegriffen, zu denen auch Kuba gehörte, und das im Namen eines wenig realistischen und schlecht verstandenen „Drittwelt-Internationalismus". Das Ergebnis erläuterte Guevara selbst in seinem Abschiedsbrief an Fidel, den dieser am 3. Oktober bei der Bildung des Zentralkomitees der Kommunistischen Partei Kubas[1] verlas:

„Ich glaube, dass ich den Teil meiner Pflicht erfüllt habe, der mich an die kubanische Revolution auf ihrem Gebiet band, und ich verabschiede mich von Dir, von den Genossen und von deinem Volk, das auch das meine ist. Ich verzichte formell auf meine Ämter in der Parteiführung, auf meinen Ministerposten, auf meinen Rang als ‚Kommandant', auf meine kubanische Staatsangehörigkeit. Kein Gesetz bindet mich an Kuba, nur Bindungen anderer Art, die man nicht wie Ernennungen zerreißen kann."[2]

Ein seltsames Testament, teilweise von Guevara selbst verfasst, teilweise von den Umständen – und sicherlich auch Fidel Castro - diktiert. Offiziell hatte er keine Macht mehr auf Kuba. Er war nicht einmal mehr kubanischer Bürger. Doch in der Erkenntnis, dass Ches Verschwinden von der öffentlichen Bühne die Spekulationen über ihn anheizen und ihn als neues Opfer eines zunehmend stalinistisch agierenden Regimes erscheinen lassen würde, beschloss Castro, sich dieses Mannes, der fortan nur noch ein politischer Leichnam war, anderweitig zu bedienen. Er wollte ein Werkzeug aus ihm machen, besser noch, einen Helden.

[1] Die Kommunistische Partei Kubas (PCC), die aus der Vereinigung der Bewegung des 26. Julis, der Sozialistischen Volkspartei und des Revolutionären Direktoriums hervorging, stand in der Nachfolge anderer Vereinigungsversuche dieser Bewegungen: Zunächst waren es die Integrierten Revolutionären Organisationen gewesen, dann die Vereinigte Partei der Kubanischen Sozialistischen Revolution (PURSC). Das Zentralkomitee wurde 1965 gegründet, noch bevor die Grundstrukturen der Partei angelegt waren. Guevara gehörte ihm nicht an, was zahllosen Spekulationen über sein künftiges Schicksal Nahrung gab. Der erste Parteikongress der PCC fand erst 1975, zehn Jahre später, statt.

[2] Le Socialisme et l ,homme, op . cit., S. 110-112.

Dritter Teil
„Werkzeug und Opfer“

1

Theorie und Praxis des Krieges

Mein letzter Gedanke wird diesem Volk und vor allem Dir gelten.

„Che war ein Abenteurer, Fidel Castros Werkzeug und zugleich sein Opfer. Fidel glaubte, er könne ihn benutzen, um sich seiner hinterher zu entledigen. Das entschuldigt aber die Verbrechen, die er begangen hat, nicht im Mindesten. Um sich bei den Kubanern Respekt zu verschaffen, musste er ihnen Schrecken einflößen, indem er sie erschoss und erschießen ließ. Anschließend wurde er erst nach Afrika und dann nach Bolivien geschickt, um sich töten zu lassen."[1]

So fasst Huber Matos, ein ehemaliger Revolutionskommandant, der 1959 auf Castros Befehl und mit Guevaras Zustimmung zu zwanzig Jahren Gefängnis verurteilt wurde, den weiteren Weg seines einstigen Kampfgefährten in der Sierra Maestra zusammen.

Eine Praxis des Guerillakampfes, die häufig im Widerspruch zu der von ihm selbst verkündeten Theorie stand. Ein ständiges Auf und Ab von Kämpfen, mit mehr wilden Fluchten als Siegen. Reisen, zunächst als fliegender Botschafter, dann als bewaffneter Arm der kubanischen Revolution, die nicht nur den Abenteuerfahrten seiner Jugend glichen, sondern auch einer panischen Flucht rund um den Erdball. Einiger dieser Etappen, vor allem die im Kongo, wurde erst dreißig Jahre

[1] Interview mit dem Autor, Paris, Mai 2006.

nach seinem Tod bekannt. Ein chaotischer Weg, keineswegs typisch für einen Berufsrevolutionär. Guevaras letzter Lebensabschnitt ist in Hinblick auf die Beweggründe wie die Zielsetzungen voller Geheimnisse, wobei sich seine eigenen Absichten manchmal mit Fidel Castros Plänen deckten, ihnen aber häufiger widersprachen. Die Beziehungen der beiden Männer beruhten teils auf Freundschaft und teils auf der Dialektik von Herr und Sklave. Jedenfalls war Che jederzeit und überall bereit, sein Leben für Castro zu opfern, vorausgesetzt, er konnte durch den Tod im Kampf seine politischen Fehler wiedergutmachen.

Der revolutionäre Fokus

Sobald Guevara in Kuba an die Macht gekommen war, begann er seine Auffassung vom Guerillakampf theoretisch zu untermauern. Schließlich war das die Tätigkeit, auf die er sich am besten verstand. Anhand der Erfahrungen aus der Sierra Maestra entwickelte er das Konzept des Foquismo, eines von Foco - „Fokus“ - abgeleiteten Wortes. Nach dieser Theorie galt es, revolutionäre Brennpunkte zu schaffen, die die Bauernschaft wachrütteln und sie in immer stärkerem Maße, mit oder ohne Unterstützung der städtischen Arbeiterschaft, zum revolutionären Sieg führen sollten. Der Foquismo wurde von der internationalen kommunistischen Bewegung heftig kritisiert, die ihn zu Recht für gefährliches Abenteurertum hielt.
Zwei theoretische Texte waren für die Entstehung von ländlichen Guerilla-Brennpunkten an verschiedenen Stellen Lateinamerikas verantwortlich: „Der Partisanenkrieg“ von Che Guevara und „Revolution in der Revolution?“ von Régis Debray, der die Theorien von Castro und Guevara lediglich systematisierte, um sie auf ganz Lateinamerika anwenden zu können.
Wie viele junge Menschen, Studenten und Mitglieder von Stadtguerillas, darunter viele ehrlich überzeugte Kommunisten, haben, von Ches Opferbereitschaft und völligem Mangel

an Realismus verführt, ihr Leben für eine von Anfang an verlorene Sache geopfert?

In seiner Schrift „Der Partisanenkrieg“ und in seinen Erinnerungen „Episoden aus dem Revolutionskrieg“ kehrt das Wort „Krieg“ ständig wieder. Dabei hat die Kampagne in der Sierra Maestra nur zu begrenzten Kämpfen und einer Reihe von Scharmützeln geführt. Eine der wenigen größeren Schlachten fand im Dezember 1958, kurz vor der Flucht des Diktators, in Santa Clara statt. Doch Guevara wollte – wie Fidel Castro – dem kubanischen Guerillakampf eine epische Dimension verleihen, die er vermutlich nie gehabt hat. Beide wollten in ihrem Verlangen, die Revolution auf dem ganzen Subkontinent zu verbreiten, aus der Gebirgskette der Anden die „Sierra Maestra Lateinamerikas machen“.[1]

Che Guevara suchte eine Position auf halbem Weg zwischen der leninistischen Revolutionstheorie, die die Kommunistische Partei an die Spitze der Arbeiterbewegung stellte, und der der Maoisten, die die Umzingelung der Städte durch das Land predigten. Er behauptete, auf diese Weise ein eigenständiges Werk geschrieben zu haben, und pries den Castrismus als einen wichtigen theoretischen Beitrag zum Marxismus des 20. Jahrhunderts.

Er vergaß dabei allerdings die Bedeutung der städtischen Widerstandsgruppen in der Bewegung vom 26. Juli, ohne die Castros Guerillatruppe ihren materiellen wie politischen Rückhalt verloren und sich nicht hätte verpflegen können. Doch Che hat sich nie mit den Führern der städtischen Widerstandsgruppen verstanden. Er hielt sie für Kleinbürger und stellte ihren Mut infrage, obwohl sie schlimmsten Repressionen des Batista-Regimes trotzten.

Den Aktivisten der Sozialistischen Volkspartei machte er, obwohl er mit ihren Ideen sympathisierte, den Vorwurf, sie seien unfähig, die Bedeutung der ländlichen Guerilla zu erfassen.

[1] Fidel Castro, La Revolutcíon cubana 1953-1962, op. cit.

Das Gebirge der Insel war für den argentinischen Revolutionär, der sich einen sittenstrengen Anstrich zu geben versuchte, das Gegenbild zu Havannas Lastern und Zügellosigkeit. Seine militärische Strategie, die sich stärker auf das Land als auf die Stadt stützte, richtete sich nach dem moralischen Charakter, den er den revolutionären Kämpfern zuschrieb. Danach waren die Bauern, nicht nur als Klasse, sondern auch als Individuen, weniger anfällig für kleinbürgerliche Anwandlungen als die Städter. Sie waren ideologisch unvoreingenommener und aufnahmefähiger für die castristische Anschauung. So stellten sie die revolutionäre Avantgarde der Vergangenheit und Zukunft dar. Deshalb war er so bemüht, die Bedeutung der städtischen Revolutionäre Kubas sowie der Aktivisten in den Städten der übrigen lateinamerikanischen Länder herunterzuspielen. Guevaras revolutionäres Weltbild war also eine Synthese aus militärischer Strategie und politischer Theorie.

Insofern stand er den maoistischen Theorien und den Lehren von General Giap, dem Sieger der Schlacht von Diên Biên Phu gegen die französischen Truppen in Vietnam (für dessen kubanische Ausgabe der Schrift „Volkskrieg, Volksarmee“ er ein Vorwort geschrieben hatte) viel näher als den Thesen der von der Sowjetunion abhängigen Kommunistischen Parteien.

Sein ursprünglicher Stalinismus schien damit eine natürliche Fortsetzung zu finden - nicht in der Verteidigung der UdSSR, deren Politik gegenüber der Dritten Welt ihn tief enttäuscht hatte, sondern in den Parteien und Bewegungen, die die „friedliche Koexistenz“ kritisierten. In diesem Sinne – und das war nicht der geringste seiner Widersprüche – scheint er sich für den trotzkistischen Standpunkt der „permanenten Revolution“ entschieden zu haben. Nicht um die kommunistische Bürokratie oder die stalinistische Unterdrückung anzuklagen, sondern weil er die kämpferische Einstellung gegen den Imperialismus vermisste. Eine politische Theorie war für ihn nur dann sinnvoll, wenn sie sich unmittelbar in Kampf übersetzen ließ - und wenn sie am anderen Ende der Welt stattfand.

Che im Kongo: Kundschafter für die kubanischen Interventionen in Afrika

Als Fidel Castro den Abschiedsbrief öffentlich vorlas, den Che Guevara ihm vor seiner Abreise aus Kuba persönlich übergeben hatte, war dieser ebenso enttäuscht wie überrascht.
„Che trat wütend mit dem Fuß nach dem Radioapparat, ohne ihn zu treffen", berichtete ‚Benigno', „und sagte dann: ‚Dieser Brief hätte erst nach meinem Tod oder dem Sieg der Revolution öffentlich bekannt gegeben werden dürfen. Es ist nicht komisch, lebendig begraben zu werden.'"[1]
Guevara hatte die öffentliche Verlesung dieses Dokuments, das er sicherlich auf ausdrückliches Verlangen von Fidel Castro aufgesetzt hatte, als einen Dolchstoß in den Rücken empfunden.
In seinem Brief bringt Guevara grenzenlose Verehrung für seinen Waffengefährten zum Ausdruck:
„Wenn für mich die entscheidende Stunde unter anderen Himmeln kommt, wird mein letzter Gedanke diesem Volk und vor allem Dir gehören."[2]
Er weigerte sich, das Offenkundige zur Kenntnis zu nehmen - dass Castro ihn nach Belieben benutzte und sich seiner entledigte, wenn es ihm ratsam erschien, wie er es mit all seinen einstigen Waffengefährten getan hatte. Che glaubte jedoch mit einer gewissen Naivität, er stünde über den anderen.
Er befand sich zu diesem Zeitpunkt Tausende von Kilometern von Havanna entfernt an der Spitze eines Kontingents kubanischer Guerilleros. Dies waren größtenteils Schwarze, aber auch einige Weiße, besonders treue Genossen oder Revolutionsführer, die Castro vorübergehend von ihren Posten beurlaubt hatte, damit sie die von Gaston Soumaliot, Pierre Mulele und Laurent-Désiré Kabila befehligte Guerillatruppe im Kongo

[1] Interview mit dem Autor.
[2] http://kpp.aksios.de/klassiker/che/co0007.htm

unterstützten.
Was machte Che dort? Konnte er eine andere Rolle spielen als die eines einfachen Beraters für die Gegner des Regimes von Moïse Tshombé? Dieser, der einstige Kopf der Loslösung Katangas, gehörte 1961 mit dem damaligen Generalstabschef Mobutu zu den Hauptverantwortlichen für den Sturz und die Ermordung von Ex-Premier Patrice Lumumba, der den Kampf gegen den Kolonialismus angeführt hatte. Lumumbas Martyrium, das unter Mithilfe belgischer Militärs und der CIA zustande kam, ohne dass die UNO eingriff, hatte seinerzeit weltweit eine Welle der Empörung ausgelöst. Der afrikanische Politiker wurde zu einem Symbol afrikanischer Unabhängigkeit, besonders in der Sowjetunion, wo die wichtigste Moskauer Universität für ausländische Studenten nach ihm benannt wurde: Patrice-Lumumba-Universität für Völkerfreundschaft.
Ein Ziel des Castrismus, und damit Che Guevaras, bestand darin, den Tod des kongolesischen Führers zu rächen und eine kommunistische Macht in der Mitte Afrikas zu schaffen, die in der Folge auf den ganzen Kontinent ausstrahlen sollte.[1]
Doch der afrikanische Sozialismus hatte nur wenig mit dem castristischen Guerillakampf zu tun. Das stellte Kabila schon bald unter Beweis.
Für zwei Führer war kein Platz im Kongo, zumal der eine weiß war und aus einem fremden Land kam – ganz so wie die südafrikanischen Söldner, die für das andere Lager kämpften. Kabila, der sich seltener an der Front als in Paris befand, wo er vollmundig den unmittelbar bevorstehenden Sieg der kongolesischen Revolution verkündete, weigerte sich hartnäckig, Guevaras Bitten nachzugeben und ihm Zugang zur Front zu gewähren.
Von Che Guevaras moralischer Autorität war in diesen Län-

[1] Wenig später wiederholte sich das Schema in Bolivien. Die Umstände, unter denen Che Guevara in diesem Land ums Leben kam, erinnern in gewisser Weise an das Ende von Patrice Lumumba im Kongo. 2002 hat Belgien seine Verantwortung am Tod des afrikanischen Revolutionärs offiziell eingestanden.

dern kaum etwas zu spüren. Stammesrivalitäten unterworfen und religiösen Überzeugungen verhaftet, die Che dem Aberglauben zurechnete, waren sie ethnisch und kulturell zu verschieden von Kuba. Die kongolesischen und ruandischen Guerilleros missachteten seine Befehle und desertierten in hellen Scharen beim Vorrücken der Regierungstruppen. Selbst sein französischer Grundwortschatz half ihm wenig bei der Verständigung mit den Soldaten; anders als die freundlich gesonnenen Gesprächspartner, auf die er zu Beginn der kubanischen Revolution traf, die Pariser Intellektuellen, die nach Havanna pilgerten - verstanden die schwarzen Rebellen diese Sprache kaum. Guevara war sich dieses Problems im Übrigen durchaus bewusst. Er bezeichnete sein Französisch selbst als „elementar". In seinem Tagebuch notierte er:

„... doch die Übersetzung und womöglich die Hautfarbe machten alles ... zunichte ... Ich redete wutentbrannt französisch auf sie ein; in höchster Wut sagte ich ihnen die schlimmsten Dinge, die ich in meinem ärmlichen Vokabular finden konnte ... während der Übersetzer diese geballte Ladung ins Kisuaheli übertrug, sahen die Männer mich an und brachen mit einer beunruhigenden Einfalt in Gelächter aus ..."[1]

Dabei richtete Che seine heftigen moralischen Vorhaltungen nicht nur an die Afrikaner. Auch die Kubaner mussten sie über sich ergehen lassen, was sie mit einer Mischung aus Respekt und Furcht taten.

„Jeder Guerillero, der mit einer Afrikanerin schlief, musste sie heiraten und mit nach Kuba nehmen, wenn sie schwanger wurde", berichtet ‚Benigno'. „Das trieb einen von ihnen in den Selbstmord – er war auf der Insel verheiratet und hatte Kinder."

Die Großmächte – Sowjetunion, China, Vereinigte Staaten, aber auch Südafrika – hatten beschlossen, aus dem Land einen Kriegsschauplatz indirekter Konfrontation zu machen. Kuba-

[1] Froilàn Escobar, Félix Guerra und Paco Ignacio Taibo II, Das Jahr, in dem wir nirgendwo waren, Ernesto Che Guevara und die afrikanische Guerilla, Berlin, ID-Archiv, 1996, S. 188.

ner gab es in beiden Lagern, hundertzwanzig auf der Seite der Guerilleros und einige Dutzend Exilkubaner im Lager der Regierungstruppen. Die CIA wusste, dass Che sich im Kongo befand. Die Exilkubaner hatten den Auftrag, ihn aufzuspüren, was ihnen später in Bolivien ja auch gelang. Doch für die öffentliche Meinung der Welt blieb das Verschwinden des argentinischen Revolutionärs ein absolutes Rätsel. Von dem Augenblick an, da Guevara Kuba verließ, nachdem er alle seine Regierungsfunktionen aufgegeben hatte, war er für den Rest des Jahres 1965 „nirgendwo".[1]

Die Organisation der Afrikanischen Einheit (OAU) und einige Revolutionsführer selbst verlangten schließlich, dass sich die ausländischen Armeen, darunter auch die kubanischen Truppen und die Söldner, aus dem Kongo zurückzogen.

Langfristig war die Folge dieser Intervention die Machtübernahme durch Mobutu, der drei Jahrzehnte lang im ehemaligen Belgisch-Kongo, mittlerweile Zaire, herrschte. Dann wurde er von Laurent-Désiré Kabila gestürzt. Nach dessen Ermordung ging die Präsidentschaft der „Demokratischen" Republik Kongo an Kabilas Sohn Joseph über. Das Ergebnis der von Che unterstützten Revolution war also im Endeffekt zunächst eine Diktatur, dann die blutige Karikatur einer Befreiung und schließlich eine dynastische Erbfolge.

Vor allem aber wäre Guevara dort fast ums Leben gekommen. An Malaria und einem Magen-Darm-Katarrh erkrankt, sah er sich im November 1965 zu einer verzweifelten Flucht gezwungen. Er überquerte mitten in der Nacht unter feindlichem Feuer den Tanganjikasee und musste zahlreiche Kongolesen ihrem Schicksal überlassen, um nach Tansania zu fliehen. Lange Wochen blieb er in der kubanischen Botschaft von Daressalam. Dort hat er wahrscheinlich die Notizen zu Papier gebracht, in denen er die Bilanz des afrikanischen Guerillakampfes zog:

[1] Vgl. Froilàn Escobar, Félix Guerra und Paco Ignacio Taibo II, Das Jahr, in dem wir nirgendwo waren, Ernesto Che Guevara und die afrikanische Guerilla, op. cit.

„Dies ist die Geschichte eines Scheiterns ... Genauer gesagt ist dies die Geschichte eines allmählichen Untergangs.“[1]

In seinen Aufzeichnungen, die die kubanischen Behörden dreißig Jahre lang geheim hielten, bringt er große persönliche Bitterkeit zum Ausdruck, wenn er die mangelnde Autorität, die er bei seinen eigenen Kämpfern hatte, der Veröffentlichung seines Briefes an Castro zuschreibt:

„Und schließlich lastete auf meinen Beziehungen zur Mannschaft, ich spürte das deutlich, obwohl es vollkommen subjektiv ist, der Abschiedsbrief an Fidel. Dieser führte dazu, daß die Compañeros in mir wie vor vielen Jahren, als ich in die Sierra kam, einen Ausländer sahen, der Kontakte zu Kuba hatte; in jenem Moment war ich eben angekommen, und nun hatte ich mich verabschiedet. Es gab bestimmte Dinge, die wir schon nicht mehr gemein hatten, bestimmte gemeinsame Sehnsüchte, von denen ich offen wie im stillen zurückgetreten war und die für jeden Einzelnen das Heiligste sind: seine Familie, sein Land, seine Umgebung. Der Brief, der so viele lobende Kommentare in Kuba hervorgerufen hatte, trennte mich nun von den Kämpfern.“[2]

Diese Kommentare schrieb Guevara, während er sich, erst in Tansania und dann in der Tschechoslowakei versteckt, von der verloren Schlacht erholte. Kritisch untersuchte er, was seine Männer, die kubanischen Guerilleros, die immerhin bereit waren, ihm bis ans Ende der Welt zu folgen, noch von dem Ideal des „neuen Menschen“ und des internationalen Kämpfers unterschied, an das er auch weiterhin glaubte. Zugleich fühlte er sich genötigt, sich gegenüber seinem Herrn und Meister Fidel Castro dafür zu rechtfertigen, dass er nicht auf seinem Posten gefallen war.

„Im entscheidenden Moment wagte ich nicht, das äußerste Opfer zu verlangen. Es war ein inneres psychisches Hemm-

[1] Froilàn Escobar, Félix Guerra und Paco Ignacio Taibo II, Das Jahr, in dem wir nirgendwo waren, Ernesto Che Guevara und die afrikanische Guerilla, op. cit., S. 240-241.

[2] Ibid., S. 241-242 .

nis. Für mich war es sehr einfach, im Kongo zu bleiben. Vom Gesichtspunkt der Selbstachtung des Kämpfers war es das, was getan werden mußte; von demjenigen meines Wirkens in der Zukunft, wenn nicht das günstigste, so doch im Moment gleichgültig. Als ich eine Entscheidung treffen mußte, kehrte es sich gegen mich, daß ich wußte, wie leicht mir das entscheidende Opfer fiel. Ich denke, daß ich mich innerlich vom Ballast der Selbstkritik hätte befreien und einer bestimmten Anzahl Compañeros diese letzte Geste hätte abverlangen müssen..."[1]

Diese seltsamen Aufzeichnungen sind lediglich eine kaum verhüllte Selbstkritik an seiner Haltung in Afrika. Er fühlte sich schuldig, weil er weder sich noch diese Männer geopfert hatte.

Che war als Castros Kundschafter nach Afrika gegangen, um eine „internationale proletarische Armee" zu schaffen. Er war besiegt worden und hatte aus dem Kampfgebiet fliehen müssen. Er war also nicht als Held gefallen. Nun wünschte er sich von Fidel Castro eine zweite Chance, um, noch immer in Diensten seines Herrn, den Tod woanders zu suchen.

Zehn Jahre später waren es, zunächst in Angola, dann in Äthiopien, nicht mehr zwanzig Männer, sondern mehr als Zehntausende von Soldaten, die die kubanische Regierung zur Teilnahme an regelrechten Kriegen zwischen rivalisierenden Fraktionen schickte. Das Ergebnis: im ersten Fall ein endloser Bürgerkrieg unter den verschiedenen im Kampf gegen die portugiesische Kolonialherrschaft entstandenen Befreiungsbewegungen, im zweiten die Konsolidierung des totalitären Regimes von Oberst Mengistu, der einen Völkermord in großem Maßstab beging und blutige Kriege gegen Somalia und Eritrea führte.

Arnaldo Ochoa, der Chef der kubanischen Truppen in diesen beiden Ländern, der „Held der Republik", wurde 1989 zusammen mit drei anderen Offizieren, die im Ausland gekämpft

[1] Ibid., S. 242.

 hatten, kurz nach seiner Rückkehr auf die Insel füsiliert. Sein Vergehen bestand darin, siegreich von seinen afrikanischen Feldzügen zurückgekehrt zu sein und den in Havanna zurückgebliebenen großen Strategen in den Schatten gestellt zu haben.

Die Erklärung, die General Ochoa im Juni 1989 vor dem Ehrengericht abgab, bevor er zum Tode verurteilt wurde, erinnerte in ihren Formulierungen seltsam (war sie etwa von derselben Person diktiert worden?) an Che Guevaras Abschiedsbrief an Castro:

„Sollte ich zum Tod durch Erschießen verurteilt werden, verspreche ich euch allen hier und jetzt, dass mein letzter Gedanke Fidel gehören wird und der großen Revolution, die er unserem Volk geschenkt hat.“[1]

Der Verurteilte, der seinen Henker preist: ein Leitmotiv des Stalinismus und seiner tropischen Spielart, des Castrismus. Wäre auch Che mit der Aureole des Siegers nach Havanna zurückgekehrt, ihn hätte wohl dasselbe Schicksal erwartet. Aber das war nicht der Fall. Seinen Tod in Afrika oder Bolivien hatte Fidel Castro mit der Zustimmung des Opfers eingeplant.

Im Herz der Finsternis: der bolivianische Dschungel

Aus seinem ersten Kriegsabenteuer auf Kuba war Che Guevara als legendärer Held hervorgegangen – Sieger der Schlacht von Santa Clara, nach einem Sturz verwundet, den Arm in der Schlinge. Aus seinem afrikanischen Abenteuer konnte er keinen Ruhm gewinnen, war er doch dazu verurteilt, jedes Aufsehen zu vermeiden, um den Máximo Lider vor dem Zorn seiner sowjetischen Gönner zu bewahren.

Im Kongo hatte er das Vorspiel zu dem wahnwitzigen Abenteuer erlebt, das Joseph Conrad in seinem Roman Herz der Finsternis beschreibt, einer Erzählung, die ebenfalls in der

[1] Enrique Ros, Ernesto Che Guevara – mito y realidad, op. cit., S. 240.

ehemaligen belgischen Kolonie angesiedelt ist und die Francis Ford Coppola in Apocalypse Now, einer freien Bearbeitung des Stoffes, an die Grenze zwischen Kambodscha und Vietnam zur Zeit des Vietnamkriegs verlegt. Doch in die wirkliche Hölle von Kunz, im Roman ein Elfenbeinhändler und im Film ein zugleich tyrannischer und rebellischer Oberst, gelangte Che erst viele Tausend Kilometer von diesen beiden Regionen entfernt: in Lateinamerika. Ches Erlebnisse in Bolivien erinnern an einen weiteren Film, „Aguirre, der Zorn Gottes" von Werner Herzog, der die Geschichte von Lope de Aguirre verfilmt hat, dem Conquistador, der auf der Suche nach dem Eldorado wahnsinnig wurde, die von ihm erforschten Gebiete für unabhängig erklärte und sich anstelle des Königs von Spanien, seines mächtigen, aber fernen Souveräns, zum König ausrief.[1]

Diesen Helden aus Büchern und Filmen ist gemeinsam, dass sie wie Halbgötter über eine kleine Truppe zum Scheitern verurteilter Soldaten herrschten. Auch Che Guevaras bolivianisches Abenteuer war ein wahnwitziges Unternehmen, dessen völlig unrealistisches Ziel darin bestand, in einem beliebigen, wenn auch möglichst nahe an seiner Heimat gelegenen Land die Macht zu ergreifen.

Nach seinem kläglichen Auftritt in Afrika, einem mehr oder

[1] In dem Brief, den Lope de Aguirre 1561 an den spanischen König Philipp II. schrieb, schilderte er diesem seine Enttäuschung: „In meiner Jugend fuhr ich über See bis Peru, um mit der Lanze in der Hand Ruhm zu erstreiten und meine Pflicht als Edelmann zu erfüllen. In vierundzwanzig Jahren habe ich Euch große Dienste erwiesen, indem ich Indios unterwarf, Städte eroberte und in Eurem Namen kämpfte, stets unter Aufbietung aller meiner Kräfte und Fähigkeiten, ohne jemals die geringste Hilfe von Euren Beamten zu erbitten, wie sich in Euren königlichen Dokumenten nachlesen lässt. Heute bin ich der festen Überzeugung, hochmögender König und Herr, dass Ihr Euch mir und meine Gefährten gegenüber immer nur grausam und undankbar gezeigt habt." Dem Wahnsinn verfallen, wurde Lope de Aguirre, nachdem er mehrere Männer und seine eigene Tochter umgebracht hatte, von der spanischen Armee hingerichtet, sobald er die Atlantikküste erreicht hatte. Diese Worte aber hätte genauso gut Che Guevara, immerhin ein – wenn auch ferner - Nachkomme eines peruanischen Vizekönigs, oder einer seiner Gefährten des bolivianischen Abenteuers an den auf Kuba verbliebenen Oberbefehlshaber richten können.

 minder heimlichen Aufenthalt in Prag und einer intensiven Ausbildung in der Provinz Pinar del Rio, im Westen von Havanna, traf Che Ende 1966 mit gerade einmal sechzehn Kubanern in Bolivien ein. Außerdem gab es Kämpfer anderer Nationalitäten – Bolivianer, Peruaner, Argentinier. Zu Beginn, bevor es zu verschiedenen Desertionen kam, waren es alles in allem dreiundvierzig Männer. Es gab in diesem Land keine Bauernaufstände gegen das Militärregime unter Leitung von General René Barrientos, der zwar durch einen Staatsstreich an die Macht gekommen war (einen der vielen in diesem Land, das in dieser Hinsicht den lateinamerikanischen Rekord hält), seine Präsidentschaft aber 1966 an der Spitze der Revolutionären Front Boliviens (FRB) durch Wahlen hatte legitimieren lassen. In Bolivien nahm jede politische Gruppierung die „Revolution" für sich in Anspruch, was nicht gerade zur Unterscheidbarkeit der Positionen beitrug. Außerdem war in den fünfziger Jahren eine Bodenreform - eine traditionelle Forderung und ein Instrument zur Mobilisierung der Landbevölkerung - von der Nationalrevolutionären Bewegung (MNR) des Victor Paz Estenssoro durchgeführt und von allen nachfolgenden Regierungen beibehalten worden.
Bei seiner Reise durch Bolivien im Jahr 1953 hatte sich Che kaum dafür interessiert. Die einzige Bevölkerungsgruppe, die sich heftig gegen die Militärs auflehnte, waren die Bergarbeiter, die in politischen Parteien und Gewerkschaften straff organisiert waren. Diese Kraft spielte in Guevaras Überlegungen keine Rolle: weder in seiner theoretischen Logik noch in seinem Plan, einen Foco, einen revolutionären Brennpunkt, aus dem Nichts zu schaffen.
Immer wieder ist gefragt worden, warum er sich Bolivien ausgesucht hatte. Oder wurde es für ihn ausgesucht? Theoretisch sollte es lediglich als Ausgangspunkt dienen, um in den Süden Lateinamerikas auszuschwärmen, vor allem nach Peru und Argentinien, wo die Guerillatruppe seines Landsmanns und Freunds Jorge Ricardo Masetti sich bereits aufgelöst hatte – die Kämpfer waren unter erbärmlichen Bedingungen verschwunden. Doch die Aus-

gangsbasis verwandelte sich rasch in eine Kampfzone.
Die Menschen, auf die er im Südosten Boliviens stieß, blieben ihm ebenso fremd wie die Bewohner des Kongos. Sie sprachen Guarani und so gut wie kein Spanisch. Bei ihrer Ausbildung auf Kuba hatten die Guerilleros keine der beiden Sprachen gelernt, sondern Quechua, das in anderen Regionen des Landes gesprochen wird.
Die Gruppe, von der sich Guevara in Bolivien Unterstützung und Zulauf erhofft hatte – die Aktivisten der um ihren Generalsekretär Mario Monje neu formierten Kommunistischen Partei – lehnten es ab, sich seinem Befehl zu unterwerfen und an seiner militärischen Expedition teilzunehmen. Wie die kubanischen Kommunisten betrachteten ihn auch die bolivianischen Genossen nicht als einen der ihren.
Am 31. Dezember 1966 trafen sich Che und Mario Monje mitten im Dschungel. Guevara beanspruchte für sich die Leitung einer kontinental operierenden Guerillarmee. Monje lehnte ab. Die kommunistischen Kämpfer, die sich den Guerilleros anschlossen, waren Dissidenten der KP Boliviens, die die prosowjetische Parteilinie missbilligten. Infolgedessen galt der Generalsekretär als „Verräter" und einer der Hauptverantwortlichen für das Scheitern von Ches Guerillakampf. Es war leicht, einen Sündenbock zu finden, um das militärische und politische Desaster zu erklären, für das niemand anders als Fidel Castro und Guevara selbst verantwortlich waren.[1]
Während der gesamten militärischen Expedition, die bis zum

[1] In der Buchveröffentlichung seiner Gespräche mit Ignacio Ramonet, dem Chef des Monde diplomatique, einem der letzten Propagandisten des Castrismus, übt der Máximo Lider Kritik an Guevaras Haltung, rechtfertigt aber gleichzeitig die Notwendigkeit des Guerillakampfes in Bolivien: „Monje verlangte den Oberbefehl. In seinem Rechtsbewusstsein verhielt sich Che manchmal etwas starrsinnig. Ich glaube, Che hätte sich mehr Mühe geben müssen, die Einigkeit zu wahren. Das ist mein Eindruck." (Fidel Castro, Biographie à deux voix, Paris, Fayard/Galilée, 2007, S. 276). Doch 1968, in seiner Einleitung zum bolivianischen Tagebuch (Ernesto Che Guevara, Bolivianisches Tagebuch, München, Trikont, 1968), brachte Castro eine ganz andere Einschätzung des bolivianischen Generalsekretärs zum Ausdruck: „Mario Monje hatte sicherlich keinerlei Erfahrung im Guerillakrieg und nie eine Schlacht geschlagen. Andererseits verpflichtete ihn sein Selbst-

 Oktober 1967 dauerte, schlossen sich seiner Truppe keine Bauern der Region an. Für die waren die – überwiegend weißen – Guerilleros Fremde, die aus unverständlichen Gründen in ihr Land gekommen waren. Che begriff diese Haltung nicht. Die bolivianischen Bauern waren nicht mehr seine natürlichen Verbündeten, sondern Feinde, die es auszuschalten galt. In seinem Bolivianischen Tagebuch, notierte er:
„Die Basis bei den Bauern ist noch nicht weiter entwickelt, indessen scheint es, daß wir durch geplanten Terror den Rest neutralisieren können, die Unterstützung wird dann später wohl eintreten.“[1]
Später stellte er fest, dass ihm die Bauern mit Misstrauen begegnen, was er ganz und gar nicht ertragen konnte:
„Hinter diesen Leuten muss man her jagen, um mit ihnen sprechen zu können, denn sie sind wie kleine Tiere.“[2]
Unter diesen Umständen verloren alle Theorien, die er aufgrund seiner kubanischen Erfahrungen so geduldig entwickelt hatte, ihre Grundlage. Die Anden konnten nicht die Sierra Maestra Lateinamerikas werden.
In dem Maße, wie er sich über seine Isolierung klar wurde, sowohl von der nicht vorhandenen und ablehnenden bäuerlichen Basis wie auch von der bolivianischen KP und Fidel Castro, zu dem Che seit März 1967 praktisch keinen Kontakt mehr hatte, nimmt die Gewissheit zu, dass er mitten in der Wildnis im Stich gelassen und auf dem Altar einer Realpolitik

verständnis als Kommunist nicht einmal zur Loslösung von dem plumpen und weltlichen Chauvinismus.“ Zu Guevaras Forderung nach dem Oberbefehl über die Guerillatruppe meinte Castro: „Er war nicht bereit, von diesem Standpunkt abzugehen und einem unerfahrenen Irren mit engstirnigen chauvinistischen Ansichten die Führung einer Kerntruppe der Guerillas zu überlassen, die in ihrer weiteren Entwicklung einen groß angelegten Kampf in Südamerika auslösen sollte.“ Vermutlich wusste Fidel Castro, dass sein Gefährte nicht nur von dem Verlangen nach Kampf getrieben wurde, sondern auch nach Ruhm und Macht. Der „Verräter“ Monje antwortete auf die Vorwürfe erst dreißig Jahre später: „Che ist für alles, was geschehen ist, in erster Linie selbst verantwortlich“, erklärte er (Le Monde, 9. Oktober 1997).

[1] Ernesto Che Guevara, Bolivianisches Tagebuch, op. cit., S. 111.

[2] Ibid., S. 134.

geopfert wurde, die Castro auf den Kurs der Sowjetunion einschwört. In dem Augenblick, da sich Che verloren weiß, gibt er in seinen Notizen alle Zurückhaltung auf und lässt seiner Bitterkeit und seinem Hass auf alles und jeden freien Lauf. So heißt es im Tagebuch:
„Eine Zeitung aus Budapest kritisiert Che Guevara, die traurige und offensichtlich verantwortungslose Figur ... Wie würde es mir gefallen, an die Macht zu kommen, wenn auch nur, um Feiglinge und Lakaien einer jeden Sippschaft zu entlarven und um ihre Rüssel in ihre Schweinereien zu stoßen.“[1]
Da er sich weder an die Ungarn beziehungsweise die Sowjets halten noch eine offene Aussprache mit Fidel Castro suchen konnte, ließ er seinen Frust an den eigenen Männern aus, den Waffengefährten seiner vielen Abenteuer, indem er sie aus nichtigen Anlässen bestrafte. Er entzog ihnen die Verpflegungsrationen, auf die sie ein Anrecht hatten, und ging sogar soweit, sie zu schlagen oder mit dem Tod zu bedrohen. Mangels Medikamenten unter wiederkehrenden Asthmaanfällen leidend, versetzte er einmal sogar der Stute, auf der er ritt, einen Messerstich, weil sie sich sträubte, weiter zu gehen:
„Ich bin jedoch ein Wrack und die Geschichte mit der kleinen Stute beweist, dass es sogar Momente gibt, in denen ich die Kontrolle verliere.“[2]
Vergessen das Mitgefühl für Tiere, das er noch in der Sierra Maestra hatte, als er berichtete, wie leid ihm das „ermordete Hündchen“ tat. Trotzdem nahm er während der gesamten Kampagne in Bolivien nicht eine einzige Hinrichtung vor. Vermutlich wusste er, dass es bedeutungslos gewesen wäre. Seine Männer und er waren so oder so verloren, was für einen Sinn hätte es da gehabt, ein zukunftsweisendes Exempel zu statuieren. Eigenartiger Weise richtete er am selben Tag, kurz vor seiner Gefangennahme und seinem Tod, die folgende Ansprache an seine Männer:

[1] Ibid., S. 183.
[2] Ibid., S. 161.

„Diese Art des Kampfes gibt uns die Möglichkeit, uns zu Revolutionären zu machen, die höchste Stufe in der Entwicklung des Menschen; dies erlaubt es uns aber auch, uns als Menschen zu bewähren.“[1]

Doch trotz aller Enttäuschungen und körperlichen Leiden – festgehalten in einem Tagebuch, in dem sich skatologische Details mit höchst morbiden Reflexionen abwechseln – hielt er an dem unverbrüchlichen Glauben an ein für ihn unerreichbar gewordenes Ideal fest. Er sah sich zu diesem Zeitpunkt mehr als Opfer denn als siegreichen Kämpfer. So strickte er an der posthumen Legende vom Märtyrer und „revolutionären Humanisten“.

[1] Ibid., S. 163.

2

Den Tod vor Augen

Ich nütz euch lebendig mehr als tot.

„Er wurde weiß wie die Wand. In meinem ganzen Leben habe ich keinen Menschen je in einem solchen Zustand gesehen.“[1] Der Mann, der die letzten Augenblicke im Leben des Ernesto Che Guevara mit diesen Worten beschreibt, ist Félix I. Rodriguez, ein ehemaliger CIA-Agent, ein „Schattenkrieger“, der von frühester Jugend an den antikommunistischen Kämpfen auf Kuba, in Bolivien, in Vietnam, in Nicaragua, Salvador und auf vielen anderen Schauplätzen beteiligt war. Er gab am 9. Oktober 1967 dem bolivianischen Unteroffizier Mario Terán den Befehl, dem Leben des argentinischen Guerillero ein Ende zu setzen. Mit anderen Agenten kubanischer Herkunft – unter anderem Gustavo Villoldo, Julio Gabriel Garcia und Mario Riverôn – hatte Rodriguez zunächst den Auftrag, der bolivianischen Armee bei der Jagd auf die Guerillatruppe zu helfen, und dann, den gefangenen Feind zu verhören.

Ches Gefangennahme

Nach monatelangem Herumirren in den Dschungeln und Bergen

[1] Interview mit dem Autor, Miami, August 2006. Das Interview fand im Hauptquartier der Brigade 2506 statt, des kubanischen Expeditionskorps, das an konterrevolutionären Infiltrationen und 1961 an der Invasion in der Schweinebucht beteiligt war. Als Félix I . Rodriguez sich setzte, war an einem seiner Knöchel eine Pistole zu erkennen.

 Boliviens geriet Che Guevara schließlich in der Schlucht von Yuro in einen Hinterhalt bolivianischer Ranger unter dem Befehl von Hauptmann Gary Prado.

„Viele Leute in der CIA glaubten, Che Guevara sei in Afrika umgekommen“, berichtet Félix I. Rodriguez. „Doch als Debray und Ciro Bustos gefasst wurden, begriff die CIA, das Debray nicht irgendeiner Guerillatruppe angehören konnte, denn er war Guevaras Freund. Außerdem hatte Bustos im Gefängnis die Porträts aller Guerilleros sehr treffend gezeichnet, auch das des Che, indem er Strich für Strich dessen damaliges Aussehen zu Papier brachte. Da hat man mit der intensiven Ausbildung amerikanischer Spezialeinheiten begonnen und Militärberater zur 8. Division der bolivianischen Armee entsandt. Wenig später haben wir einen Zusammenstoß mit Joaquins Gruppe gehabt, die sich von Ches Trupp getrennt hatte. Dabei wurden unter anderem Joaquin selbst sowie Tamara Bunke (genannt „Tania“), ein Mitglied des ostdeutschen Geheimdienstes, getötet. Als deren Leichnam nach vier oder fünf Tagen gefunden wurde, hatte sie ein vollkommen entstelltes Gesicht und keine Haare mehr, weil sie die ganze Zeit im Wasser gelegen hatte. Aus dieser Gruppe nahmen wir einen Bolivianer namens José Castillo Chávez gefangen, der das Pseudonym ‚Paco‘ hatte. Er war Mitglied der Kommunistischen Partei, aber kein echter Guerillero. Er war nur für den Transport der Munition und der Lebensmittel zuständig. Er war getäuscht worden, und ich wusste aus den Aussagen von Debray und Bustos, dass er die Gruppe verlassen wollte. Sie hatten ihm versprochen, ihn gehen zu lassen, sobald sich eine Gelegenheit ergebe. Mir war klar, dass er zur Kooperation bereit sein würde. Daher habe ich den General, der das Bataillon kommandierte, gebeten, mir den Gefangenen zum Verhör zu überlassen, statt ihn zu töten, womit er sich auch einverstanden erklärte. ‚Paco‘ weinte, weil er glaubte, er solle exekutiert werden. Er hat uns alles erzählt, mit seiner Hilfe konnten wir alle Leute ermitteln, die mit Che zusammenarbeiteten. ‚Paco‘ hatte ein unwahrscheinliches Gedächtnis!

Er hatte zwei Schussverletzungen, und die Wunden hatten sich entzündet. Da die Bolivianer ihn nicht ins Krankenhaus bringen wollten, sorgte ich selbst für eine Krankenschwester, bezahlte sie mit dem Geld der CIA und ließ sie Antibiotika für ‚Pacos' Behandlung beschaffen. Das hat ihm das Leben gerettet."

Laut Félix I. Rodriguez war es um die Beziehungen zwischen der CIA und der bolivianischen Armee nicht zum Besten bestellt. Die Bolivianer hatten nicht die Absicht, das Leben ihrer Gefangenen zu schonen. Dagegen waren die Amerikaner der Ansicht, es sei besser, Che und seine Gefährten am Leben zu lassen, um keine Märtyrer aus ihnen zu machen.

Che Guevara hatte es begriffen, als er den bolivianischen Soldaten in die Hände fiel. Er rief: „Nicht schießen! Ich bin Che Guevara. Ich nütz euch lebendig mehr als tot."

Gary Prado, Hauptmann der bolivianischen Ranger, befehligte die Männer, die Che am 8. Oktober 1967 in der Schlucht von Yuro gefangen nahmen, und schildert die Szene, die sich zwischen dem Gefangenen, zwei seiner Soldaten und ihm selbst abspielte, wie folgt:

„In diesem Augenblick kam ein blutender Soldat aus der Schlucht. Es war Valentin Choque. Er hatte zwei Verwundungen, die eine hinten am Hals, die andere im Rücken. Beide waren nicht schlimm.

Daraufhin zerriss Sánchez ein Hemd, das er in Ches Rucksack gefunden hatte, um einen Verband daraus zu machen.

‚Soll ich ihn versorgen?' fragte Che plötzlich.

‚Warum? Sind Sie Arzt?'

‚Nein, erwiderte der Gefangene. ‚Ich bin vor allem Revolutionär, aber ich habe medizinische Kenntnisse. Außerdem habe ich in der Sierra gelernt, wie man Zähne zieht. Ich kann mich um den Soldaten kümmern.'

‚Nein, lassen Sie nur.'"[1]

Dieser Dialog mit dem Kommandanten der Guerilleros zeigte

[1] Gary Prado, Cémo capturé al Che, Barcelona, B.S.A., S. 270.

 einmal mehr, dass er von dem eigenen medizinischen Ausbildungsstand nicht viel hielt.

Hören wir, wie Gary Prado seine letzten Eindrücke von Che schildert:

„Der Mann war völlig fertig und fragte mich ständig: ‚Was werden Sie mit mir machen?' Vom 8. Oktober an blieb ich fast fünfzehn Stunden mit ihm zusammen. Ich habe ihn meinen Vorgesetzten lebend übergeben."[1]

Auch in seinen letzten Augenblicken blieb Che Guevara also seinen Überzeugungen treu, trug aber nicht mehr die so häufig verkündete Gleichgültigkeit gegenüber dem eigenen Tod zur Schau. In gewisser Weise war er wieder menschlich geworden.

Dialog zwischen zwei Feinden

Fast vierzig Jahre sind seit dem Morgen des 9. Oktobers vergangen, an dem Che ermordet wurde. An diesem Tag saß der CIA-Agent Félix I. Rodriguez dem Gegner gegenüber, den er seit Monaten verfolgte. Trotzdem war das Gespräch frei von Hass:

„Als ich eintraf, wusste ich, welche Verbrechen der Mann, dem ich begegnen würde, während seiner Zeit als Kommandant der Festung La Cabaña begangen hatte – Hunderte von Hinrichtungen an Kubanern. Ich empfand natürlich großen Abscheu vor ihm, doch als ich ihn dann vor mir sah, auf dem Boden liegend, an Händen und Füßen gefesselt, verblasste das Bild des arroganten Mannes, das ich von ihm gehabt hatte. Er glich eher einem Bettler als einem Kämpfer. Seine Stiefel waren nur noch Lederfetzen, die er sich um die Füße gebunden hatte. Seine Kleidung bestand aus schmutzigen Lumpen. Das war keine Uniform mehr. Er befand sich in einem schrecklichen

[1] Interview mit Eduardo Febbro in Página 12, Buenos Aires, 18. August 2006: „El Che Guevara se equivocó cuando eligió Bolivia".

Zustand. Ich empfand nur noch Mitleid mit diesem Mann und vergaß, was er getan hatte. Wir haben ihn mit großer Achtung behandelt."

Sein letztes Gespräch führte Guevara also mit einem Mann, der sein erbitterter Feind war, seit er, Che, als Triumphator in Havanna eingezogen war und vor allem seit er sich der kommunistischen Ideologie verschrieben hatte. Mehrfach unterhielt sich dieser Mann mit ihm und protokollierte viele seiner letzten Worte – gewissermaßen sein inoffizielles Testament.

Che Guevara hatte begriffen, wer der Gesprächspartner war, der sich Félix Ramos nannte. Als dieser mit dem Verhör begann, fragte er ihn: „Du bist kein Bolivianer, nicht wahr?" Der CIA-Agent erwiderte: „Was glauben Sie denn, wer ich bin, Comandante?" Che begriff augenblicklich, mit wem er es zu tun hatte: „Du könntest Puerto Ricaner oder auch Kubaner sein, aber angesichts der Fragen, die du mir gestellt hast, arbeitest du für einen Nachrichtendienst." Rodriguez nannte ihm seinen Vornamen und berichtete ihm, er habe zur konterrevolutionären Infiltrationsgruppe gehört, die die Landung in der Schweinebucht vorbereitet habe.

„Wir haben über Kubas wirtschaftliche Lage gesprochen", berichtet Rodriguez, „über die Art und Weise, wie er zum Präsidenten der kubanischen Nationalbank ernannt wurde, er hat sogar Witze darüber gemacht, und dann über die Hinrichtungen. Er sagte, in Kuba würden nur ausländische Agenten erschossen, die versuchten, ins Land einzudringen. Woraufhin ich erwiderte: ‚Was Sie da sagen, ist nicht ohne Ironie, Comandante. Sie selbst sind als Ausländer in Bolivien eingedrungen.' Da hat er ein Bein gehoben, um mir seine Verwundung zu zeigen, und gesagt: „Hör zu, Félix, das kannst du nicht verstehen, das ist eine Sache des Proletariats. Ich vergieße mein Blut in Bolivien, aber ich bin nicht nur Kubaner, sondern ebenso auch Argentinier oder Bolivianer."

Den Tod vor Augen bekräftigte Che Guevara die internationalistischen Überzeugungen, zu denen er sich schon in seiner Rede vor der Generalversammlung der Vereinten Nationen bekannt hatte, als er auf die Kritik einiger lateinamerikanischer Vertreter an den Hinrichtungen auf Kuba einging. Glaubte er zu diesem Zeitpunkt, er werde Gelegenheit haben, sich vor einem Gericht zu verteidigen und seine tiefsten Überzeugungen kundzutun? Dann hätten ihm dreißig Jahre Haft gedroht, in Bolivien gab es keine Todesstrafe.

Félix I. Rodriguez erklärt, wie er zu seiner Entscheidung gelangte:

„Die Weisungen von Major Saucedo, der mir die Befehle der Generale Barrientos und Ovando zu übermitteln hatte, waren unmissverständlich: ‚500-600.' ‚500' war die Codebezeichnung für die Identität des Guerillero. ‚600' hieß ‚Exekution'."

Damit war Ches Schicksal besiegelt.

Als Félix I. Rodriguez zum letzten Mal den kleinen Klassenraum der Schule von La Higuera betrat, wo Guevara gefangen gehalten wurde, teilte er diesem mit, dass er hingerichtet werde: „Comandante, es tut mir sehr leid. Ich habe alles versucht. Aber ich habe Befehl von meinen Vorgesetzten."

„Er war vollkommen fassungslos", fährt Rodriguez fort. „Er hatte geglaubt, man werde ihn nicht töten. Er war überzeugt gewesen, er werde vor Gericht gestellt, wie Régis Debray und Ciro Bustos, denen gerade in Camiri der Prozess gemacht wurde. Anderseits hatten wir Fotos gemacht, von denen eines noch existiert: Er wird von drei bolivianischen Soldaten und mir eingerahmt; ich habe ihn um die Schulter gefasst. Als ich ihm berichtete, welche Befehle ich erhalten hatte, antwortete er: ‚Es ist besser so. Ich hätte mich niemals lebend fassen lassen dürfen.'

Dann hat er eine Pfeife aus der Tasche gezogen und wollte sie mir geben – ‚einem kleinen Soldaten, der mich gut behandelt hat'. Unteroffizier Mario Terân, der den Auftrag hatte, zahlreiche gefangene Guerilleros zu exekutieren, wollte sie haben. Che lehnte es ab. Ich sagte, dann solle er sie mir doch geben. Daraufhin er: ‚Dir, ja.' Ob er seiner Familie noch etwas zu sagen habe. Woraufhin er mit einem sarkastischen Ton in der Stimme meinte: ‚Sag Fidel, er werde bald eine siegreiche

Revolution in Lateinamerika erleben. Und meiner Frau sag, sie soll wieder heiraten und versuchen, glücklich zu sein.'
Er hat mir die Hand gedrückt und mich umarmt. Dann hat er sich aufgerichtet, weil er glaubte, ich werde schießen. Doch ich habe den Klassenraum verlassen. Draußen warteten eine Menge Soldaten. Ich wandte mich an Unteroffizier Terân und sagte zu ihm: ‚Unteroffizier, Ihre Regierung hat befohlen, den Gefangenen auszuschalten. Halten Sie nicht auf das Gesicht. Treffen Sie ihn unterhalb der Brust, damit es so aussieht, als wäre er seinen Verwundungen im Kampf erlegen.' Ich habe mich ein Stück entfernt. Um 13 Uhr 20 habe ich die Feuerstöße gehört. Das war die Uhrzeit, zu der Che Guevara gestorben ist.
Ich habe so etwas nie wieder erlebt und hoffe auch, dass ich nie wieder in eine solche Situation kommen werde."
Als Che dem CIA-Agenten Félix I. Rodriguez seine Pfeife gab, wiederholte er damit lediglich die Geste des „Verräters" Eutimio Guerra: Der hatte dem argentinischen Guerillero, seinem Henker, zehn Jahre zuvor in der Sierra Maestra seine Uhr geschenkt. Am Ende überließ Rodriguez die Pfeife doch dem Unteroffizier Terán, der den Befehl des bolivianischen Generalstabs ausgeführt hatte, behielt aber den teilweise aufgerauchten Tabak daraus und band sich auch die Rolex des toten Guerilleros als Kriegstrophäe ums Handgelenk.

Fidel Castros Version

Che Guevara starb nicht so, wie er sich gewünscht hatte.
Für Fidel Castro war es unvorstellbar, dass Che in seinem letzten Augenblick Anzeichen von Schwäche erkennen ließ. Er musste unbedingt einen Helden ohne Fehl und Tadel aus ihm machen. In der „notwendigen Einleitung" zu Ches Bolivianischem Tagebuch, das 1968 in mehreren Sprachen erschien, nennt Castro eine Reihe von Zufällen (wer hat sie ihm berichtet?), die erklären sollen, warum er keine andere Wahl hatte,

 als sich zu stellen:

„Es konnte festgestellt werden, dass Che verletzt weitergekämpft hat bis der Lauf seines M-2 Gewehres durch einen Schuss zerstört wurde, der es vollkommen unbrauchbar machte. Die Pistole, die er bei sich trug, hatte kein Magazin. Diese unglaublichen Begleitumstände zeigen, dass man ihn lebend gefangen nehmen konnte."

In dieser Einleitung beschreibt Castro Ches Haltung auf eine Weise, die zur Verbreitung der Legende beitrug:

„In das Dorf Higueras gebracht, blieb er noch ungefähr vierundzwanzig Stunden am Leben. Er weigerte sich, auch nur irgend ein Wort mit seinen Häschern zu wechseln, und einem betrunkenen Offizier, der versuchte, ihn zu verspotten, schlug er mit der Faust mitten ins Gesicht."

Seine Beschreibung wich erheblich von der des ehemaligen CIA-Agenten Félix I. Rodriguez ab, dessen Anwesenheit dem Máximo Lider damals nicht bekannt war.

Castro erzählt anschließend mit vielen Details - einige beeindruckend realistisch, andere offensichtlich erfunden – von den letzten Augenblicken seines einstigen Waffengefährten, wobei er die Worte, die Guevara an den Unteroffizier Mario Terán richtete, nach Belieben ausschmückt. Sein Bericht sollte die allgemein akzeptierte Version über Ches Tod werden. Niemand wagte, sie in Frage zu stellen:

„nach dem sich Barrientos, Ovando und andere hohe Militärs in La Paz versammelt hatten, beschlossen sie kaltblütig, ihn zu ermorden. Die Details der Art und Weise, in der sie vorgingen, um den heimtückischen Beschluss in der Schule des Dorfes Higueras auszuführen, sind bekannt. Der Major Miguel Ayoroa und der Oberst Andrés Selnich, zwei von den Yankees trainierte Rangers, befahlen dem Unteroffizier Mario Terán, den Mord auszuführen. Als dieser vollkommen betrunken das Haus betrat, sagte Che – der die Schüsse, mit denen soeben ein bolivianischer und ein peruanischer Guerillero niedergestreckt worden waren, gehört hatte –, als er sah, dass der Henker zögerte, mit Bestimmtheit: ‚Schieß! Hab keine Angst!'

Dieser ging weg, und es war notwendig, daß die Vorgesetzten Ayoroa und Selnich den Befehl wiederholten, den er dann ausführte, indem er ihm vom Gürtel abwärts eine Salve seiner Maschinenpistole hinein jagte. Die Version, dass Che einige Stunden nach der Schlacht gestorben war, war schon bekannt gegeben worden, und so hatten die Ausführenden die Anweisung erhalten, weder auf Kopf noch Brust zu schießen, um keine großen Wunden zu erzeugen. Dies verlängerte grausam den Todeskampf Ches, bis ihm ein Feldwebel – ebenfalls betrunken – mit einer Pistole auf der linken Seite den Todesschuß gab. Dieses Vorgehen steht im krassen Widerspruch zum Respekt, den Che ohne Ausnahme Offizieren und Soldaten der bolivianischen Armee, die er gefangen genommen hatte, entgegenbrachte."[1]

Auf Kuba wird der „Tag des heroischen Guerilleros", der jedes Jahr Guevaras Andenken gewidmet ist, am 8. Oktober begangen, dem Tag seiner Gefangennahme und nicht seines Todes, als wollte das offizielle Kuba den Gang der Geschichte verändern und Ches Kapitulation ungeschehen machen, die doch angesichts der gut ausgebildeten und zahlenmäßig unendlich überlegenen Gegner menschlich nur zu verständlich war.

Die Rache

Die mitleiderregenden Umstände, unter denen Ernesto Che Guevara getötet wurde, verliehen ihm ein noch wirksameres Image – nicht das eines Mannes, der im Kampf getötet worden war, sondern das eines unbewaffneten, kaltblütig ermordeten Märtyrers.

Mehr noch: das eines verstümmelten Mannes. Bei einer Besprechung am Abend des 9. Oktobers befahl General Ovando einem seiner Obersten: „Wenn Fidel Castro leugnet, dass

[1] Fidel Castro, „Eine notwendige Einführung", in: Ernesto Che Guevara, Bolivianisches Tagebuch, op . cit., S. 21-22.

es sich um Che Guevara handelt, brauchen wir einen unwiderleglichen Beweis, dass er es tatsächlich ist. Schneiden Sie ihm den Kopf ab und legen Sie ihn in Formalin." Félix I. Rodriguez, dem klar war, wie sehr das dem Ruf der bolivianischen Armee und vor allem dem der CIA schaden musste, erwiderte: „Das dürfen Sie nicht tun, Herr General. Sie können keinen Kopf als Beweis präsentieren. Wenn Sie einen Beweis brauchen, schneiden Sie ihm einen Finger ab. Wir haben die Fingerabdrücke der argentinischen Bundespolizei." Daraufhin Ovando: „Gut, dann trennen Sie ihm beide Hände ab und legen Sie sie in Formalin."

Diese Verunstaltungen von Che Guevaras Leichnam trugen nicht eben zum Ruhm ihrer Urheber bei.

Doch nicht diese scheußliche Barbarei blieb im Gedächtnis der Nachwelt haften, sondern das Bild eines noch jungen Mannes in hervorragender körperlicher Verfassung, der seinen Tod gelassen ins Auge sah.

Che Guevaras Tod in Bolivien setzte den Versuchen, Guerilla-Herde in Lateinamerika auszusäen, ein Ende. Castro sah ein, dass er seinen Einfluss nicht auf diese Art ausbreiten konnte. Trotzdem blieben einige Rebellenbewegungen aktiv.

1969 versuchten die Überlebenden der Nationalen Befreiungsarmee (ELN), einer Gruppe, die sich innerhalb der von Che gegründeten Organisation gebildet hatte, den Guerillakampf in Bolivien wiederzubeleben. Dieses Mal wurden sie von Guevaras einstigem Stellvertreter Inti Peredo befehligt, einem Ex-Aktivisten der kommunistischen KP Boliviens. Wieder nahm „Benigno" an der Expedition teil, die sehr rasch scheiterte. Trotzdem gelang es ihm und zwei weiteren Guerilleros, dem Tod zu entkommen und nach Kuba zurückzukehren.

Viele Männer, die direkt oder indirekt an Ches Tod beteiligt waren, sind in verschiedenen Städten der ganzen Welt den Kugeln häufig anonym gebliebener Todesschützen zum Opfer gefallen.

„Ich war beteiligt an den Plänen zur Beseitigung der Leute, die für seinen Tod verantwortlich waren", behauptet ‚Benig-

no' heute. „Diese Aktionen wurden vom kubanischen Geheimdienst und Fidel Castro persönlich beaufsichtigt."[1]
Félix I. Rodriguez hat zwei Mal Glück gehabt: Einmal ist er einem Killerkommando entkommen, ein andermal sollte in den siebziger Jahren ein amerikanisches Flugzeug, in dem er saß, nach Kuba entführt werden, wo ihn ein wenig beneidenswertes Schicksal erwartet hätte. Gegen die bolivianischen Militärs gab es vielfältige und unterschiedliche Racheakte. Einige waren danach zeitlebens gelähmt, so Gary Prado, heute Major und einflussreicher Politiker, der im Rollstuhl sitzt, seit er eine Kugel in den Rücken bekommen hat. Andere sind tot: zum Beispiel der als „Verräter" geltende Bauer Honorato Rojas, der von Inti Peredo persönlich erschossen wurde. 1969 fiel Rojas seinerseits der bolivianischen Armee zum Opfer; Oberst Roberto Quintanilla, ein ehemaliger Polizeichef, der als einer der Strategen bei der Festnahme des argentinischen Guerilleros angesehen wird, wurde 1972 in Hamburg, wo er als Konsul tätig war, von der bolivianischen Guerillakämpferin Monika Hertl umgebracht (auch der linksradikale italienische Redakteur Giangiacomo Feltrinelli, der das Bolivianische Tagebuch publiziert hatte, war an den Vorbereitungen des Attentats beteiligt, kam aber kurz zuvor in Italien ums Leben, wo er bei der Explosion einer Bombe getötet wurde, die er bei sich trug); General Joaquin Zenteno Anaya fiel 1976, nachdem er Botschafter in Frankreich geworden war, einer geheimnisvollen internationalistischen Brigade Che Guevara zum Opfer; schließlich starben noch mehrere Offizier, unter ihnen die Urheber verschiedener bolivianischer Staatsstreiche von rechts und von links.

Die meisten dieser Anschläge sind nie aufgeklärt worden, doch die Untersuchungen, die von verschiedenen Regierungen angestellt wurden, lassen deutlich die Handschrift Castros und seiner Geheimdienste erkennen.[2]

[1] Interview mit dem Autor.
[2] Paco Ignacio Taibo II, „ El héroe que no muere. Mil caras del Che", in: El

Mundo, Madrid, 8. Dezember 1996. Zumindest scheint dieser mexikanische Schriftsteller, Verfasser von Kriminalromanen und Hobbyhistoriker, der recht gut über bestimmte Geheimnisse in Guevaras Biografie informiert ist, vor allem über sein Abenteuer im Kongo, diese Hypothese zu vertreten, wenn er von der Zusammenkunft mit einem kubanischen Schriftsteller berichtet, über dessen Identität er sich ausschweigt: „Er hat dem Verfasser eines Tages lächelnd und mit einem gewissen Stolz in der Stimme erklärt: ‚Unsere Geheimdienste ...'." Andere Autoren sprechen von dem „Fluch des Che", als handele es sich um ein übernatürliches Ereignis wie den Fluch des Pharaonen Tutenchamun.

3

Vom Märtyrer zum Mythos

Die Hinrichtungen durch Erschießungskommandos sind nicht nur eine Notwendigkeit für das Volk von Kuba, sondern auch eine vom Volk auferlegte Verpflichtung.

Für Fidel Castro war der tote Che noch wertvoller als der lebende, im Gegensatz zu dessen Annahme im Augenblick seiner Gefangennahme. Castro begriff sehr rasch, wie viel Interesse der „heroische Guerillero", dessen Radikalismus und doktrinäre Unnachgiebigkeit ihm längst zur Last geworden waren, posthum erregen konnte. So vermochte er den Tod des Gefährten zur Stärkung der eigenen Führungsposition zu nutzen. Guevaras Schriften halfen ihm dabei erheblich.

Eine zukunftsweisende Lobrede

Auf die gleiche Weise war Castro schon einmal acht Jahre zuvor – 1959, ganz am Anfang der Revolution – mit Camilo Cienfuegos verfahren, der, um es vorsichtig auszudrücken, unter ungeklärten Umständen bei einem Flugzeugabsturz ums Leben gekommen war. Camilo, der Guerillero mit dem legendären Lächeln, war zur Ikone geworden. Jedes Jahr am 28. September, seinem Todestag, werfen Schulkinder Blumen ins Meer. Guevara selbst hatte seinen Waffengefährten, mit dem er 1958 die „Invasion" von Osten nach Westen durchgeführt hatte, in die Widmung seiner 1960 erschienenen Schrift Der Partisanenkrieg aufgenommen.

„Wer hat ihn getötet?“ fragte er damals. Damit setzte er ein merkwürdiges Fragezeichen hinter die offizielle Version der Todesumstände, die als banaler Unfall dargestellt wurden, obwohl der Rest des Flugzeugs, in dem Cienfuegos flog, nie gefunden wurde. Um jeden Verdacht auf einen möglichen Anschlag zu zerstreuen, antwortete Che sogleich:

„Der Feind hat ihn getötet! Er hat ihn umgebracht, weil er seinen Tod wollte, Camilo starb, weil es absolut sichere Flugzeuge nicht gibt, weil die Piloten nicht alle Zufälle vorausberechnen können, weil er – durch Arbeit überlastet – in wenigen Stunden in Havanna sein wollte”... und auch sein Charakter habe ihn getötet.[1]

Dann fügte er beiläufig hinzu:

„Lassen wir es bei diesen großen Umrissen, ohne näher auf seine sozioökonomischen Anschauungen einzugehen, die nicht ganz ausgereift waren; heben wir stattdessen hervor, dass es in diesem Befreiungskrieg keinen zweiten Soldaten wie Camilo gegeben hat.“[2]

Dieser Nachruf auf Camilo Cienfuegos nahm fast prophetisch die Grabrede vorweg, die Fidel Castro später auf Che selbst halten sollte. Als Guevara die „sozioökonomischen Anschauungen“ erwähnte, „die nicht ganz ausgereift waren“, meinte er damit, das Cienfuegos kein Kommunist war und in diesem entscheidenden Augenblick ihrer Geschichte Zweifel am Kurs der kubanischen Revolution geäußert hatte. Das war nicht hinnehmbar für die Gebrüder Castro und – zu diesem Zeitpunkt – auch nicht für Guevara selbst, der vorhatte, die Revolution zu radikalisieren und alle Mitstreiter auszuschalten, die lediglich Batistas Diktatur beenden und die Demokratie wiederherstellen wollten.

[1] Ernesto Che Guevara, Der Partisanenkrieg, Deutscher Militärverlag, Berlin 1962, S. 8.

[2] Ernesto Che Guevara, Obra revolucionaria, op . cit, S. 26. (In der deutschen Ausgabe so nicht enthalten.)

Wusste Guevara, unter welchen Umständen der einzige Guerillero, der bei der kubanischen Bevölkerung genauso beliebt war wie Fidel Castro, ums Leben gekommen war? Oder rechnete er damit, über kurz oder lang das gleiche Schicksal zu erleiden? Tatsächlich haben sich die Gebrüder Castro, Fidel und Raúl, im Laufe der Jahre all derer entledigt, die ihre Macht gefährden konnten, indem sie sie in „Unfällen" sterben ließen, die keine waren, oder in fernen Weltgegenden in den Tod schickten.

Camilo Cienfuegos' kam ums Leben, nachdem er selbst gerade Comandante Huber Matos, einen anderen Guerillaführer, verhaftet hatte, dem Verschwörung vorgeworfen wurde, obwohl er lediglich seinen Rücktritt angeboten hatte, um gegen den Kurs zu protestieren, den die Revolution eingeschlagen hatte, das heißt, gegen die kommunistische Radikalisierung. Dazu war von Che nur eine verächtliche Bemerkung über Matos' Rolle im Guerillakampf zu hören, obwohl beide den gleichen Rang innegehabt hatten.

Indem er nacheinander Huber Matos' und Camilo Cienfuegos' ausschaltete, zwei seiner Vertrauten im Kampf gegen Batista, schlug Fidel Castro zwei Fliegen mit einer Klappe. Unmittelbar hintereinander verschwanden einflussreiche potenzielle Rivalen um die Führung der Revolution. An seiner Seite verblieb nur noch Bruder Raúl, der fortan allein den Willen des Máximo Lider vollstreckte.

Aufgrund seiner ausländischen Herkunft ging von Guevara geringere Gefahr aus. Trotz seiner Popularität und der Macht, über die er verfügte, konnte und wollte er sich auf kubanischem Boden nicht gegen die Gebrüder Castro auflehnen. Ihm blieb Matos' und Cienfuegos' Schicksal erspart, weil er eine Art Verbannung vorzog: den Kampf für die gleiche Sache unter anderen Himmeln, in der Nähe seines Heimatlandes, aber weit entfernt von Kuba.

Nach seinem Tod hat sein Bild dasjenige Camilos abgelöst, wobei es eine universelle Dimension hinzugewann, die des Kämpfers ohne Heimat und Grenzen, wie einst die Mitglieder

 der Internationalen Brigaden im spanischen Bürgerkrieg – ein Nimbus, den sein Gefährte, zu jung aus dem Leben geschieden, nicht hatte. Castro hat eine Vorgehensweise wiederholt und weiter entwickelt, die er schon in den ersten Jahren der Macht praktiziert hatte.
Und Ernesto Guevara hat einfach das Schicksal angenommen, das ihm Fidel Castro vorherbestimmt hatte.
Er wurde der bewaffnete Arm der kubanischen Revolution im Ausland, was Castro nicht sein konnte, da er seine Macht auf der Insel verewigen musste. Guevara wollte lieber im Kampf fallen, als in einem Unfall getötet zu werden, zumal er wiederholt seinen Wunsch, mehr noch, seine Gewissheit, verkündet hatte, er werde sein Leben als Held der Revolution opfern. Das brachte er auch in seinem letzten Brief an die Eltern zum Ausdruck: „Viele werden mich einen Abenteurer nennen, und ich bin auch einer; nur von anderer Art, einer von denen, die ihre Haut riskieren, um ihre Wahrheit zu beweisen. Mag sein, daß dies mein letzter Brief ist. Nicht daß ich mir das wünsche, aber es erscheint als logische Konsequenz."[1]

Die Totenwache

Nachdem der Máximo Lider verkündet hatte, dass Guevaras Tod „schmerzliche Gewissheit" sei, wartete er noch einige Tage, bevor er am 18. Oktober 1967 das kubanische Volk auf dem Platz der Revolution in Havanna zusammenrief, um die Totenrede zu halten – eine Kunst, auf die er sich wahrlich versteht. Das war laut dem Schriftsteller Roberto Fernández Retamar, einem offiziellen Sprachrohr des Castrismus und Verfasser eines Prologs zu Che Guevaras Werk, „die traurigste Rede in Castros Leben", gehalten vor einer Menge „von einer Million schweigenden und untröstlichen Frauen und Männern".[2]

[1] Jon Lee Anderson, Che – die Biographie, op. cit., S. 555.
[2] Roberto Fernândez Retamar, „Prólogo", in: Ernesto Che Guevara, Obra revolucionaria, op. cit., S. 22.

Jedes seiner Worte wurde für die Kubaner heilig, nachdem er seinen einstigen Waffengefährten in den Rang eines Märtyrers erhoben hatte. Vor allem aber machte er einen ewigen Kämpfer aus ihm, indem er an die ersten Augenblicke, die in der Sierra Maestra, und die letzten, die des bolivianischen Guerillakampfes, erinnerte. Ches Verantwortung in der zur Macht gelangten Revolution erwähnte er kaum, und schon gar nicht hielt er den Augenblick für geeignet, um öffentlich auf ihre Meinungsverschiedenheiten einzugehen. Es war weit zweckdienlicher, ihn als bewährten, internationalistischen Guerillero zu schildern, als treuen Genossen und als Vorbild für die junge Generation, den Prototyp des „neuen Menschen".

In seiner Rede zählte er einfach einige der Aufgaben auf, die Che im Inneren Kubas oder als Sprachrohr der Revolution im Ausland wahrgenommen hatte:

„Zahlreich waren die Aufgaben, die er zu erfüllen hatte: als Präsident der Nationalbank, als Direktor des Planungsausschusses, als Industrieminister, als Kommandant von Militärregionen, als Leiter von Politik- und Wirtschaftsdelegationen oder auch einfach von Freundschaftsdelegationen."[1]

Castro bewertete Guevaras Arbeit nicht, nur seinen enormen Fleiß erwähnte er, seine Fähigkeit, bei Tage und (vor allem) bei Nacht zu arbeiten, und seine Bereitschaft, die Sonn- und Feiertage für die „freiwillige Arbeit" zu opfern.

Der Rest der Rede war Ches Fähigkeiten als Guerillero gewidmet, „dem Meister in der gefährlichen Kunst des revolutionären Kampfes". Er sollte nicht als Mann der Macht erscheinen (der er war), sondern als ewiger Rebell (gegen jede Macht). Sogar Auflehnung gegen die Diktatur, der er in Wirklichkeit gedient hatte, ließ sich ihm zuschreiben. Das verstärkte die Vorstellung von einem freien Menschen, der sich trotz unausgesprochener Meinungsverschiedenheiten aufopferte, um die frohe Botschaft der Revolution (mit der Waffe in der Hand)

[1] Fidel Castro, „Hasta la victoria siempre", in: Ernesto Che Guevara, Escritos y discursos, op. cit., Bd. I, S. 3-18.

 auf alle Kontinente zu tragen. Ein besiegter Soldat, von den Seinen im Stich gelassen, verwandelte sich in ein Instrument zur Erneuerung eines Regimes, das wegen seiner Bürokratisierung und der Abhängigkeit von Moskauer Weisungen zunehmend an Glaubwürdigkeit verlor.

Fidel Castros Totenrede für Che Guevara bekam noch eine andere Funktion: Sie legitimierte die unbefleckte Idee der kubanischen Revolution, verkörpert durch eine Gestalt, die im Gegensatz zu der des Máximo Lider niemals mit dem Makel des Alters und den unvermeidlichen Abnutzungserscheinungen der Macht behaftet sein würde. Che wurde zum idealen globalen Botschafter der kubanischen Revolution – etwas, was er zu Lebzeiten nie war.

Bücher in der Festung La Cabaña

Viele Intellektuelle – sie ließen sich endlos aufzählen[1] - machten sich das Bild zueigen, das Fidel Castro vom Che gezeichnet hatte. Traumatisiert von den Fehlern der Vergangenheit, denen der stalinistischen Ära, entfalteten sie lieber einen Personenkult um einen toten Revolutionär als um einen lebenden Diktator – das Risiko, sich zu täuschen, war weitaus geringer. Viele begannen, ihn zu idealisieren, indem sie aus seiner Persönlichkeit alle Eigenschaften ausblendeten, die ihnen anrüchig erschienen. Später wurde Che Guevaras Bild zum Verkaufsschlager und eroberte alle Lebensbereiche, doch der Ausgangspunkt waren diese fragwürdigen Lobpreisungen.

Die Schriftstellerin Régine Deforges, die mehrere Werke über die kubanische Revolution und vor allem ihre Beziehungen zu Camilo Cienfuegos und Che Guevara geschrieben hat, liefert in einem Artikel mit dem Titel „Le poète de Cabaña" („Der Dichter der Cabaña") ein stilisiertes Bild vom poetischen Gemüt ihres Helden, ohne seine Mitwirkung an den

[1] Vgl. Jeannine Verdès-Leroux, La Lune et le Caudillo, Le rêve des intellectuels et le régime cubain (1959-1971), Paris, Gallimard, 1989, S. 358-448.

Hinrichtungen als Kommandant der Cabaña zu verschweigen. Das stört sie nicht im Mindesten. So schrieb sie anlässlich der Nutzung dieses makabren Ortes als Veranstaltungsstätte der internationalen Buchmesse von Havanna, eines Forums für kulturelle Begegnungen:
„Wollten wir bestimmte Orte unter dem Vorwand, sie erinnerten an blutige Geschehnisse, ungenutzt lassen, müssten zahlreiche Pariser Gebäude, in denen Verbrechen verübt wurden – etwa der Louvre, die Conciergerie, die öffentlichen Plätze auf denen die Guillotine stand, die Mauern des Friedhofs Père-Lachaise, an denen die Kommunarden erschossen wurden – für die Öffentlichkeit geschlossen werden. Die Geschichte aller Nationen besteht aus Gewalt und Blut, doch wir fördern den kulturellen und wirtschaftlichen Verkehr zwischen den Völkern sicherlich nicht dadurch, dass wir immer wieder auf diesen Ereignissen herumreiten."
Régine Deforges geht in ihrer Argumentation und der Vereinnahmung dieses historischen Abschnitts der kubanischen Revolution noch einen Schritt weiter. Wohl wissend, was geschehen ist – was durchaus nicht für alle Che-Bewunderer in der Welt gilt – schließt sie:

„Eines ist sicher: Che wäre glücklich, alle diese Bücher in der Festung zu sehen, deren Kommandant er war und die heute ein anrührendes Museum enthält, das sein Leben nachzeichnet."[1]
Allerdings kann keine Rede davon sein, dass die zahlreichen Kommentatoren der heroischen Revolution auf diesen Ereignissen „herumgeritten" wären. Im Gegenteil: Sie haben meist den Mantel des Schweigens darüber gebreitet.[2]
In dem „anrührenden Museum" der Cabaña ist die kubani-

[1] Régine Deforges, „Le poète de Cabaña", L'Humanité, Paris, 6. Februar 2002.

[2] Beispielsweise kein Wort über die unter Che Guevaras Befehl durchgeführten Hinrichtungen in der durchaus nicht unkritischen Le-Monde-Beilage vom 9. Oktober 1997, in der alte „Weggefährten" oder posthume Bewunderer wie Mario Monje, Jorge Masetti, Elizabeth Burgos oder auch François Maspero, der Herausgeber der französischen Ausgabe seiner Werke, zu Wort kommen.

 sche Kolonialgeschichte ausführlich dokumentiert. Die Führer rufen den Besuchern auch die jüngste Geschichte ins Gedächtnis, indem sie voller Stolz Ches Kommandostelle aus dem Jahr 1959 zeigen. Aber natürlich verlieren sie kein Wort über die Revolutionstribunale und die Hinrichtungen, die er befehligte und zu denen er sogar mehrfach europäische Intellektuelle einlud, die ihn auf Kuba besuchten.[1]

Im Oktober 2006 wies Fidel Castro, obwohl erkrankt, die kubanischen Behörden an, dem „heroischen Guerillero" in den Mauern der Festung einen besonderen Platz zu reservieren, einen Ort, der heute poetisch „Ches Haus" heißt.[2]

In der neuen Gedenkstätte dürften bestimmte Schriftstücke des Mannes, der sich selbst als „Oberbefehlshaber der militärischer Abteilung der Cabaña" bezeichnete, wohl kaum ausgestellt werden, vor allem nicht der Brief vom 5. Februar 1959 an seinen Landsmann Luis Paredes, in dem er die unter seinem Befehl durchgeführten Hinrichtungen rechtfertigte:

[1] Der rumänische Dichter Stefan Baciu erinnert an diese merkwürdigen Einladungen Che Guevaras: „Ich besinge den Che nicht/ich habe auch Stalin nicht besungen,/mit dem Che habe ich oft in Mexico gesprochen,/dann in Havanna /wo er mich einlud, die Zigarre zwischen den Lippen kauend,/ wie man jemandem zu einem Glas an die Bar einlädt!/ihn zu begleiten und zuzuschauen/wie einer am Hinrichtungspfahl in der Cabaña erschossen wurde." (Zitiert in: Maria Elena Cruz Varela, „La sangrienta saga del comandante Castros", Revista hispano-cubana Nr. 16, Madrid, Frühling-Sommer 2003, S. 36-50.) Stefan Baciu war nicht der einzige europäische Intellektuelle, der diesen makabren Schauspielen beigewohnt hat, doch die anderen haben es vorgezogen, sie in ihren Schriften nicht zu erwähnen.

[2] Bei beiden Verlautbarungen über Fidel Castros Erkrankung wurde Che Guevaras Erinnerung beschworen. Acht Tage nach einer Argentinienreise, in deren Verlauf Castro in der Ortschaft Altagracia ein von Guevara früher bewohntes Haus aufgesucht hatte, ließ er am 31. Juli 2006 die (interimistische) Übertragung der Regierungsgewalt an seinen Bruder Raúl bekanntgeben. Als Castro dann nach langer Abwesenheit am 28. Oktober 2006 wieder in der Öffentlichkeit erschien, verlas er vor den Fernsehkameras die Nachricht von der Einweihung des Che-Museums in La Cabaña und ließ sie auf der Titelseite der offiziellen Tageszeitung Granma veröffentlichten. Der Máximo Lider hat sich in seinen letzten Lebensjahren immer wieder auf seinen einstigen Gefährten berufen. Trotzdem besitzt der Gegensatz zwischen dem Bild des jugendlichen, im Kampf gefallenen Guerilleros und dem des verzweifelt an seiner Macht festhaltenden Diktators etwas Rührendes.

„Die Hinrichtungen durch Erschießungskommandos sind nicht nur eine Notwendigkeit für das Volk von Kuba, sondern auch eine vom Volk auferlegte Verpflichtung.“[1]
Gleiches gilt für alle Bilder des „Verräters“ „Benigno“, der ursprünglich auf zahlreichen Fotos neben Che zu sehen war. Systematisch ist er im Rahmen einer Geschichtsfälschung wegretuschiert worden, die in stalinistischen Regimen zum guten Ton gehört.

Dunkelzonen in den Biografien

Che Guevaras Exegeten haben sich ihrem Helden gegenüber immer äußerst nachsichtig gezeigt, bemüht, alle Hinweise, die einen Schatten auf das makellose Bild des argentinischen Revolutionärs werfen könnten, im Dunkel zu lassen.
Jean Cormier, ein französischer Biograf Che Guevaras, erwähnt die Hinrichtungen noch nicht einmal. Über Ches Zeit als Kommandant der Cabaña heißt es bei ihm lediglich:
„Jeden Tag sah er Batistas Männer zurückkehren, die gefangen und zur Verfügung der Revolutionstribunale gehalten wurden. Er nannte sie los Chivatos, die Spitzel.“[2]
Mehr nicht. Für Cormier war Che bloß ein Zuschauer. Von einer rein verbalen Zustimmung abgesehen, trug er an den Hinrichtungen keinerlei Verantwortung.
Pierre Kalfons Bericht ist nicht ganz so lückenhaft, das heißt, er verschweigt die Verantwortung Guevaras an diesen Prozessen und Hinrichtungen nicht.
„Diese undankbare Aufgabe wurde Guevara übertragen“, schreibt er und fügt hinzu: „Vermutlich hat Guevara, so radikal und kompromisslos wie Saint-Just, den ordnungsgemäßen Vollzug der Hinrichtungen ohne größere Gemütsbewegungen überwacht. Die Revolution ist kein Kindergeburtstag. Sein Ge-

[1] Centro de Estudios Ernesto Che Guevara, Havanna. Webadresse: che.cubasi.cu.

[2] Jean Cormier, Che Guevara, Monaco, Rocher, 1995, S. 260.

 wissen wurde dadurch nicht im Mindesten belastet."[1]
Mit der Wendung „vermutlich" meldet Kalfon aber doch gewisse Zweifel an der Teilnahme seines Helden an den Vorgängen an, die er „Schießereien" nennt. Auch hier wird dessen Rolle bewusst heruntergespielt. Er hat nur den „ordnungsgemäßen Vollzug der Hinrichtungen" überwacht.
Dabei gab es schon in den ersten Jahren zahlreiche Zeugenaussagen Überlebender, die von Ches unstrittiger Teilnahme an Hinrichtungen berichteten.
Keiner seiner Biografen hielt es für opportun, seine Erwiderung vor der Generalversammlung der Vereinten Nationen zu zitieren, in der er diese Hinrichtungen – in Vergangenheit, Gegenwart und Zukunft - für notwendig erklärte. So erfährt der Leser nichts von solchen Äußerungen des Mannes, den viele für den Propheten des „revolutionären Humanismus" hielten.

Bitterkeit der Opfer

Entrüstet hat der Jazzmusiker Paquito D'Rivera seinen „berühmten Kollegen", den Popgitarristen Carlos Santana, der, ebenso wie der Schauspieler Antonio Banderas, bei der Oscarverleihung 2005 Ches Bild auf seiner Kleidung trug, an die von Guevara beaufsichtigten Hinrichtungen erinnert. Bei dieser Gelegenheit wurde Walter Salles' Film Die Reise des jungen Che ausgezeichnet. In einem offenen Brief an Santana brachte D'Rivera seine Missbilligung zum Ausdruck, indem er darauf verwies, was für ein Bild von Che Guevara wohl all diejenigen haben müssten, die ihn als Kommandant der Cabaña erlebt hätten:
„Du hast die Taktlosigkeit besessen, ein riesiges Kruzifix auf einem T-Shirt mit dem stereotypen Bild ‚des kleinen Schlächters der Cabaña' zu tragen. So hieß Che Guevara nämlich bei den Kubanern, die in dem Gefängnis unter diesem abscheuli-

[1] Pierre Kalfon, Che, Ernesto Guevara, une légende du siècle, op. cit., S. 239-245.

chen Menschen zu leiden hatten. Einer dieser Kubaner ist mein Vetter Bebo, der dort einsaß, weil er Christ war. Der hat mir voller Bitterkeit erzählt, er habe in seiner Zelle gehört, wie die armen Menschen, die bei Morgengrauen ohne Gerichtsurteil hingerichtet wurden, mit ihrem letzten Atemzug ausriefen: ‚Es lebe Christ-König!' Der Guerillero mit dem sterngeschmückten Barett war ganz anders, als uns dieser lächerliche Film weismachen will."[1]

Trotz etlicher Zeugnisse dieser Art bleibt Ches Leben und, noch mehr, sein Tod eine Quelle der Eingebung für viele Dichter, Maler und Musiker. Deshalb war es notwendig, die Fehler eines Mannes zu verschweigen, der sich sowohl als Kerkermeister wie als Henker betätigte.

[1] Paquito D'Rivera, „Carta de Paquito D'Rivera a Carlos Santana", El Nuevo Heraldo, Miami, 29, März 2005.

Schluss

Zahllose Intellektuelle haben Che gepriesen, ohne eine Zeile von ihm gelesen zu haben. Sie haben ihre Fantasien einfach auf eine Gestalt projiziert, die sich auf einige Vorstellungen und zwei Fotos reduziert: das eines Mannes, der ein Barett mit einem Stern trägt und weit in eine zweifellos strahlend imaginierte Zukunft blickt, und das eines Leichnams mit nacktem Oberkörper, der eine entfernte Ähnlichkeit mit dem liegenden Erlöser auf dem Gemälde „Beweinung Christi" von Andrea Mantegna aufweist, einem italienischen Maler des Quattrocento. Doch während Mantegnas Christ die Augen geschlossen und den Kopf geneigt hat, hält Guevara auf seinem letzten Foto die Augen offen und den Blick noch immer in die Zukunft gerichtet. In der Blüte seiner Jugend gemordet, wird er von den bolivianischen Militärs wie eine Jagdtrophäe ausgestellt.

Dabei beschränkt sich die Bewunderung für Che Guevara nicht auf die Intellektuellen, sondern hat die verschiedensten Gesellschaftsbereiche erobert.

Der Revolutionsheld existiert außerhalb der Zeit, und seine tatsächliche Persönlichkeit hat wenig mit dem zu tun, wofür er im Bewusstsein der Menschen steht.

1968 und in den folgenden Jahren schwenkten linke Demonstranten Bilder Che Guevaras und skandierten „Ho-Ho-Ho-Chi-Minh! Che-Che-Gue-va-ra!" Das unterschied ihre Demonstrationszüge von den müden Aufmärschen der französischen KP. Damals spielten die spezifischen Forderungen der Demonstranten jedoch kaum eine Rolle. Sie waren alle geeint gegen denselben Feind. Die Porträts werden noch heute geschwenkt

- als Symbole und Banner, die jedem Anliegen dienen, egal, ob revolutionär oder nicht.

Che gehörte keinem Lager an. Er war einfach antiimperialistisch, antiamerikanisch. Und wie! In seiner „Botschaft an die Trikontinentale Konferenz" von 1967, dem letzten Text, der zu seinen Lebzeiten erschien, erklärte er unverblümt, wen er im Visier hatte: „den großen Feind des Menschengeschlechts: die Vereinigten Staaten von Nordamerika".[1] Die Vereinigten Staaten waren in Guevaras Augen nicht nur eine imperialistische Supermacht, sondern auch eine Gefahr für das Überleben der Menschheit. Ohne Wenn und Aber. Ohne historische Ausnahme. Sogar während des Zweiten Weltkriegs, als die amerikanischen Truppen in der Normandie und anderswo landeten, um die Freiheit gegen Nationalsozialismus und Faschismus zu verteidigen.

Doch die Kritik, die er noch in seiner Rede in Algier so unmissverständlich an der Sowjetunion übte, ist aus seiner letzten Botschaft vollkommen verschwunden. War Guevara selbst dafür verantwortlich, obwohl doch sein Zorn auf die offiziellen Kommunistischen Parteien unablässig zunahm, oder waren entsprechende Stellen in seinem Text gestrichen worden, als dieser, im bolivianischen Dschungel verfasst, nach Havanna gelangte?

Der gemeinsame Nenner aller, die den argentinischen Revolutionär preisen, ist der maßlose Hass auf die amerikanische Supermacht, die in den Rang des absoluten „Feindes" erhoben wird. Spricht Che nicht von der Notwendigkeit, den „Haß als Faktor des Kampfes" zu nutzen? Er verkündete nicht nur die Notwendigkeit, er führte das Konzept auch im Einzelnen aus: „der unnachgiebige Haß gegenüber dem Feind, der einen Menschen weit über die natürlichen Schranken hinaustreibt und ihn in eine effiziente, gewalttätige, überlegte und kalte Tötungsmaschine verwandelt." Um auch die letzten Zweifel zu zerstreuen, stellt er noch einmal klar: „Unsere Soldaten

[1] http://www.glasnost.de/hist/apo/che2.html

müssen so sein; ein Volk ohne Haß kann nicht über einen brutalen Feind siegen."

Auch praktische Ratschläge gab Guevara, die dazu dienen sollten, diese Form des Kampfes konkret umzusetzen:

„Man muß den Krieg bis dorthin tragen, wohin der Feind ihn trägt: in sein Haus, in seine Vergnügungsstätten; man muß ihn zum totalen Krieg machen."[1]

Zweifellos haben die terroristischen und fundamentalistischen Bewegungen weltweit in Che Guevaras Worten, in seinem zum blinden Antiamerikanismus verkürzten Antiimperialismus und in seinen Aufrufen zur Zerstörung unter Aufopferung der eigenen Person und anderer eine legitime Inspirationsquelle gesehen.

Trotzdem haben die Leute, die ihren Che zum sagenumwobenen Helden machen wollten, nicht den Urheber solcher politischen Brandreden, sondern dessen genaues Gegenteil in ihm gesehen. Sie haben sich lieber an andere Äußerungen gehalten, etwa über die Liebe, wie die aus dem Jahr 1965, die in seinem theoretischen Artikel „Sozialismus und Mensch auf Kuba" nachzulesen ist:

„Es sei mir gestattet zu sagen, auch auf die Gefahr hin, lächerlich zu erscheinen, daß der wahre Revolutionär von starken Gefühlen der Liebe geleitet wird."[2]

Schon nach kurzer Zeit war diese unbestimmte „Liebe" verschwunden,[3] die keinen Wesen aus Fleisch und Blut zum

[1] Ernesto Guevarra, Botschaft an die Völker der Welt, Viele Viet Nam schaffen, Glasnost, Archiv, http://www.glasnost.de/hist/apo/che2.html

[2] Ernesto Che Guevara, Obra revolucionaria, op. cit., S. 637

[3] In seinem Roman Ein Leben für ein Leben (Düsseldorf, Gebühr/Claassen, 1979) bezweifelte Régis Debray, dass sich diese Idee auch nur im Geringsten verstehen lasse, indem er seine Hauptperson bei dem Gedanken an die Hinrichtung eines der bolivianischen Unterdrücker sagen lässt: "Es gilt, Anaya aus Liebe zu liquidieren. Wer kann das verstehen? Kannst du das erklären? Kannst du dir vorstellen, wie du versuchst, das Richtern oder Polizisten verständlich zu machen?" Später, in seinem Essay Loués soient nos seigneurs (Paris, Gallimard, 1996, S. 184), bezeichnete er Guevara als "Vertreter eines hemmungslosen Autoritarismus". Bei dem französischen Philosophen,

 Gegenstand hatte, sondern jenen „neuen Menschen“, der unscharf durch alle faschistischen, nationalsozialistischen und stalinistischen Ideologien geistert. Die Bitterkeit darüber, dass Fidel Castro ihn zunächst in Afrika und dann im bolivianischen Dschungel im Stich gelassen hatte, führte in Ches Schriften zu einer Radikalisierung, die besonders deutlich in seiner „Botschaft an die Trikontinentale Konferenz“ zutage trat. Dort war nichts mehr von jener Vieldeutigkeit zu spüren, die Castros politische Flexibilität ausmachte. Che hatte sich von diesem nicht nur physisch entfernt.

Wenn Guevaras Gesicht sowohl von den Werbefachleuten der kapitalistischen Marken wie von den militanten Globalisierungsgegnern vereinnahmt wird, so zeigt sich, dass ein enormes Missverständnis in Bezug auf den Mann und seine Ideen vorliegen. Oder vielmehr eine geschickt manipulierte Unkenntnis, mit dem Ziel, die Bedeutung seiner Äußerungen und Handlungen so zu relativieren, dass sich jeder mit ihnen identifizieren kann.

Die wichtigste Grundlage des Mythos ist seine ewige Jugend. Die Kämpfe, an denen er teilgenommen hat, das Regime, zu dessen Machtergreifung er beigetragen hat, mögen der Vergangenheit angehören, das ist egal. Das Symbol bleibt in Kraft. Denn Che wird nicht mit dem Kommunismus gleichgesetzt, sondern mit einer Revolte, die zeitlos ist und sich gegen jegliche Macht richtet.

Außerdem herrscht die Vorstellung, er habe auf die Macht verzichtet, um wieder ein einfacher Guerillero zu werden. Die Wahrheit ist viel komplizierter. Tatsächlich hat er sich mit großem Eifer an der physischen Beseitigung all derer beteiligt, die sich seinen Plänen widersetzen konnten.

Nicht umsonst wird eine Sprache verwendet, die dem Fortbestand der Legende dient. In Guevaras Texten und Reden

Mitglied der Guerillagruppe, dann, von 1967 bis 1970, Häftling in Bolivien, schlug die grenzenlose Bewunderung in harsche Kritik um. Im Laufe der Zeit hatte Ernesto Che Guevara seine Aura als "Halbgott" eingebüßt.

häufen sich Worte wie „Liebe“, „neuer Mensch“ und „Opfer“. Diese Begriffe lassen sich zur Grundlage eines Handelns machen, das die obsolet gewordenen Ideologien zugunsten romantischer Ideale der Gerechtigkeit und sogar des Friedens verwirft.

Hinzu kommt der Internationalismus, die abenteuerliche Jugend, die ärztliche Tätigkeit für die Armen dieser Erde ...

Erst wenn wir die Aussagen seiner Texte und Reden an seinen Taten messen und mit den Zeugnissen seiner Opfer und Henker vergleichen, können wir ein genaueres Porträt dieses komplizierten Menschen zeichnen, der den Fanatismus auf die Spitze trieb und nicht zögerte, im Namen einer „sozialistischen Moral“ individuelle und kollektive Verbrechen zu begehen, bevor er unter elenden Umständen ums Leben kam, was den Opfercharakter seines Todes noch unterstrich.

Doch wie konnte es dazu kommen, dass ein Mann, der den Hass aus jeder Pore seines Körpers verströmte, zu einem Symbol der Erlösung wurde, fast zu einer Wiederkehr Christi auf Erden?[1]

Der Guevarismus war nur eine Scheinlehre, ein Konglomerat aus mehr oder minder verstandenen Begriffen, eine Mischung aus Peronismus und Antiperonismus, aus Stalinismus und Maoismus, gelegentlich auch Trotzkismus, das Ganze mit ein paar humanistischen Tupfern aufgehellt. Zwischen Guevaras und Castros Vorstellungen wird häufig ein Gegensatz konstruiert, als habe Che eine freie Gesellschaft gewollt, etwas ganz anders als die Diktatur, die seit mehr als einem halben Jahrhundert auf Kuba herrscht. Das war keineswegs der Fall.

Der argentinische Revolutionär wollte eine Gesellschaft

[1] Als Ernesto Guevara mit Fidel Castro und anderen Revolutionären im Gefängnis saß, schrieb er am 15. Juli 1956 in einem Brief an die Mutter: "Ich bin weder Christ noch Philanthrop, ich bin sogar das Gegenteil eines Christen. Ich kämpfe für meine Überzeugungen mit allen Waffen, die mir zur Verfügung stehen, und versuche, den, der sich mir entgegenstellt, zu töten, um nicht ans Kreuz genagelt zu werden oder auf andere Weise zu sterben." (Zitiert bei: Pedro Corzo, "Che Guevara, Apóstol de la violencia", in: Noticuba International, Miami, 4. August 2005.)

 schaffen, in der alle Mitglieder Helden sein sollten und in der weder für Zögerer noch für Widerständler Platz war. Die durften mit allen Mitteln beseitigt werden. Nie hatte er Mitgefühl oder Erbarmen mit ihnen. Noch heute hallen die Schreie der Gefangenen und Todeskandidaten in den Mauern der Festung La Cabaña wider, die während langer Monate seinem Befehl unterstand.

Er wird der Jugend als Vorbild hingestellt, dem es nachzueifern gilt. Doch für die jungen Kubaner ist er vor allem ein obligatorisches Kultobjekt, dem in Santa Clara regelmäßig Reverenz erwiesen wird - am Fuße des Mausoleums mit seinen sterblichen Resten, die in Bolivien – welch Zufall! – an seinem dreißigsten Todestag aufgefunden wurden.[1]

Sein Gesicht wird wie das einer Gottheit verehrt, seine Äußerungen stehen (selbstverständlich verstümmelt) in den Schulbüchern neben denen von José Marti, dem Helden des kubanischen Unabhängigkeitskampfes, und Fidel Castro. Seine Texte gelten als klassische „Dichtungen" der kubanischen Literatur, obwohl Che die Schriftsteller und Intellektuellen der Insel zu Lebzeiten für potenzielle Feinde hielt. Jede Äußerung gegen seine Person wird als Blasphemie bestraft. Wer sich weigert, seinen Geboten zu folgen, wird von einer Gesellschaft geächtet, die unter dem Vorwand, jenem Opfergeist zu huldigen, dessen vornehmster Vertreter er war, den Mangel in allen Lebensbereichen institutionalisiert hat, abgesehen von wenigen Auserwählten, meist Revolutionären der ersten Stunde, die auf Guevaras Spuren überall auf der Welt Kriege geführt haben.

Rund um den Globus haben sich – das Gesicht des „heroischen Guerilleros" vor Augen - junge und weniger junge Menschen geopfert und andere Menschen getötet. Das hätte ihn sicherlich nicht übermäßig bekümmert, lautete doch seine letzte „Botschaft":

[1] Zur Echtheit dieses Leichnams vgl. vor allem die Untersuchung von Bertrand de La Grange und Maite Rico, die in der spanisch-mexikanischen Zeitschrift Letras libres, Februar 2007, erschienen sind: "Operación Che. Historia de una mentira de Estado".

„Wo immer uns der Tod ereilt, er sei willkommen, wenn nur unser Kriegsruf vernommen wird und eine andere Hand sich ausstreckt, um unsere Waffen zu ergreifen, und andere Menschen bereit sind, die Trauergesänge zu intonieren mit dem Stakkato von Maschinengewehren und neuen Kriegs- und Siegesrufen.“[1]

Wie viele junge Leute mögen irgendwann einmal davon geträumt haben, diese pseudo-poetischen, makabren und barbarischen Sätze in die Tat umzusetzen? Was für ein Verlangen nach Größe und Opferbereitschaft mag die Menschen beseelt haben, die, ohne seinem selbstmörderischen Weg zu folgen, aus Che Guevara einen Propheten und Heilsbringer gemacht haben?

Ob ihnen, wenn sie sein Gesicht als Banner vor sich her tragen, bewusst ist, dass Ches einzige Ideologie diese obsessive Fixierung auf den Tod war, seinen eigenen und den anderer, sowie der Wunsch, überall in der Welt totalitäre Regime zu schaffen?

Ches äußerstes Opfer war von Fidel Castro gewollt und von ihm selbst akzeptiert als Buße für unzählige (wirkliche oder angebliche) politische Fehler gegenüber seinem verehrten Meister, dessen Hauptziel es war, solange wie möglich an der Macht zu bleiben.

Che Guevara und Fidel Castro sind zwei Seiten einer Medaille: einer blutigen Utopie. Ihre Verführungskraft verdanken sie der unbegrenzten Fähigkeit ihrer Sympathisanten, die Augen zu verschließen und die Leichen zu ignorieren, die den Weg dieser beiden erbarmungslosen Revolutionäre säumten.

[1] http://www.glasnost.de/hist/apo/che2.html

Literatur

Alarcón Ramirez, Dariel („Benigno"), *Les Survivants du Che*, Monaco, Rocher, 1995.

- *Vie et mort de la révolution cubaine*, Paris, Fayard, 1996.

Jon Lee Anderson, *Che – die Biographie*, München, List, 1997.

Castafieda, Jorge G., *Companero. Vie et mort de Che Guevara*, Paris, Grasset, 1998.

Castro, Fidel, *Révolution cubaine*, 2 Bde., Paris, François Maspero, 1968.

Cazalis, Segundo, *Cuba ahora*, Caracas, Isla, Sola, 1966.

Annie Cohen-Solal, *Sartre*, Reinbek, Rowohlt, 1988.

Cormier, Jean, *Che Guevara*, Monaco, Éd. du Rocher, 1995.

Debray, Régis, *Revolution in der Revolution? Bewaffneter Kampf und politischer Kampf in Lateinamerika*, München, Trikont, 1967.

- *La Guérilla du Che*, Paris, Seuil, 1974.
- *Ein Leben für ein Leben*, Düsseldorf, Gebühr/Claassen, 1979.
- *Loués soient nos seigneurs*, Paris, Gallimard, 1996.

Diaz Villanueva, Fernando, *Che Guevara*, Madrid, Dastin Export, 2004.

Froilàn Escobar, Félix Guerra und Paco Ignacio Taibo II, *Das Jahr, in dem wir nirgendwo waren, Ernesto Che Guevara und die afrikanische Guerilla*, Berlin, ID-Archiv, 1996.

Franqui, Carlos, *Journal de la révolution cubaine*, Paris, Seuil, 1976. (Original: Diario de la revolucíon cubana, Paris, Ruedo ibérico, 1976)

Frayde, Martha, *Écoute, Fidel*, Paris, Denoël , 1987.

Gadea, Hilda, *Che Guevara, les années décisives*, Paris, Éditions n°1, 1997 . (Original: Che Guevara, Años decisivos, Mexico, Aguilar, 1972.)

Gálvez, William, *Le Rêve africain du Che*, Bruxelles, EPO,

1998. (Original: *El sueño africano del Che*, Havanna, Cultura Popular, 1997)

Guevara, Ernesto Che, *Obra revolucionaria*, Mexico, Era, 1967.

–*Escritos y discursos*, 9 Bde., Havanna, Éditorial de Ciencias Sociales, 1977.

-*Œuvres*, 6 Bde, Paris, François Maspero, 1968-1972.

–*Le Socialisme et l'homme*, Paris, François Maspero, 1968 .

– *Bolivianisches Tagebuch*, München, Trikont, 1968.

– *Episoden aus dem Revolutionskrieg*, Leipzig, Reclam, 1978.

- *Latinoamericana, Tagebuch einer Motorradreise 1951/52*, Köln, Kiepenheuer & Witsch, 1994.

– *Das magische Gefühl, unverwundbar zu sein, Das Tagebuch der Lateinamerika-Reise 1953-1956*, Köln, Kiepenheuer & Witsch, 2003.

Guilbert, Yves, *La Poudrière cubaine, Castro l'infidèle*, Paris, La table ronde, 1961.

Kalfon, Pierre, *Che, Une légende du siècle*, Paris, Seuil, 1997.

Matos, Huber, *Et la nuit est tombée, De la révolution victorieuse aux bagnes cubains*, Paris, Les Belles Lettres, 2006. (Original: Cómo llegó la noche, Barcelona, Tusquets Editores, 2002.

Matthews, Herbert L., *Fidel Castro*, Paris, Éd. du Seuil, 1968. (Original: *Fidel Castro*, New York, Simon & Schuster, 1969.

Prado Salmón, Gary, *Cómo capturé al Che*, Barcelone, B.S.A.

Taibo II, Paco Ignacio, *Che, Die Biographie des Ernesto Guevara*, Hamburg, Nautilus, 1997.

Ramonet, Ignacio, *Fidel Castro. Biographie à deux voix*, Paris, Fayard/Galilée, 2007.

Rigoulot, Pierre, *Coucher de soleil sur La Havane, La Cuba de Castro 1959-2007*, Paris, Flammarion, 2007.

Rodriguez, Félix I.; Weisman, John, *Shadow Warrior*, New

York, Laser Press, 1989.
Rojo, Ricardo, *Che Guevara, Leben und Tod eines Freundes,* Frankfurt, Fischer, 1968.
Ros, Enrique, *Ernesto Guevara. Mito y realidad,* Miami, Universal, 2002.
– *La UMAP : el Gulag castrista,* Miami, Universal, 2004.
Verdès-Leroux, Jeannine, *La Lune et le Caudillo. Le rêve des intellectuels et le régime cubain (1959-1971),* Paris, Gallimard, 1989.

Filmografie

Die Reise des jungen Che, 2004
Regie: Walter Salles
Produktion: Robert Redford

Guevara, anatomia de un mito, 2005 .
Regie: Luis Guardia.
Produktion: Pedro Corzo.

Interviews

Dariel Alarcón Ramirez („Benigno"), Paris, 2003-2006.
David Bigelman, Paris, 2006.
Martha Frayde, Madrid, 2004-2006.
José Mario, Madrid, 1999.
Huber Matos, Miami, Paris, 2004-2006.
Fausto Menocal, Madrid, 2004.
Félix I. Rodriguez, Miami, 2006.
Pio E. Serrano, Madrid, 2006.

Danksagung

Mein Dank gilt Andrés Alfaya, Pierre Baron, Agnès Biltgen, Lázaro Despaigne, Eduardo Febbro, Juan Manuel Gamarra, Eva Mari Campos, Pierre Rigoulot, Gustavo Sánchez Perdomo, Armando Valdés-Zamora, Jesúis Zúñiga, Elaine Castillo, Pedro Corzo, Rose Pujol sowie meinen Studenten: für ihre Hilfe, ihren Rat, ihre Befragungen und die Dokumente, die sie mir freundlicherweise überlassen haben.

Inhaltsverzeichnis